W0404983

Klassische REITKUNST

UNSER ANLIEGEN, UNSERE PASSION!

Claudia Weingand und ihre Lusitanostute Hariel.
(Foto: Phillip Weingand)

Liebe Leser,

jeder Reiter kennt das Gefühl, wenn das Pferd nicht reagiert wie erwartet. Wenn es sich von der Longe losreißt, aggressiv wird, bockt oder so aufdreht, dass wir den Eindruck haben, auf einem Feuerstuhl zu sitzen.

Ob Freizeitreiter, Horsemanship-Profi oder Olympiareiter – wir alle geraten mal mit einem Pferd an unsere Grenzen und es ist völlig normal, wenn wir dann erst mal frustriert oder ratlos sind. Grenzen bieten uns aber auch die Chance, uns enorm weiterzuentwickeln: Im Idealfall spornen sie uns dazu an, unsere Empathie gegenüber dem Pferd zu schulen, unser theoretisches Wissen zu erweitern oder unsere reiterlichen Fähigkeiten zu verbessern. Im schlechtesten Fall geben wir dem Pferd die Schuld und versuchen es mit rüden Methoden zu unterdrücken.

Wir wollten in dieser Ausgabe wissen, welche Pferde erfahrene Pferdemenschen an ihre Grenzen gebracht, besonders beeindruckt oder zum Umdenken gebracht haben. Dabei ist eine wunderschöne Sammlung berührender, persönlicher Geschichten entstanden. Besonders beeindruckt hat mich Wolfgang Marlies Artikel, in dem er von einem Pferd berichtet, das trotz aller Anstrengung und Kreativität nie zu einem gelassenen Reitpferd wurde: „Pferde so als Naturereignis wahrzunehmen, das ist ein gedanklicher Ansatz, der mir sehr hilft. Dann muss man nicht mit ihnen hadern, sondern kann sich an ihnen freuen oder sich im Zweifel eben nicht mit ihnen beschäftigen. Ihnen übel zu nehmen, dass sie ängstliche Fluchttiere sind, deren einziges Ziel es ist, bestmöglich für sich selbst zu sorgen, ist sinnlos. Es ist so, als würde der Segler dem Meer ankreiden, dass es tief ist."

Ich wünsche Ihnen viel Spaß beim Lesen und
viele schöne Momente mit Ihrem Pferd,

Ihre

Claudia Weingand

INHALT

Wie Christoph Ackermann mit Egon von Neindorffs Hilfe ein Pferd mit Gebäudeproblemen bis zum Grand Prix förderte. (Foto: privat)

Escada ist ein Weltklassepferd – und stellte Ingrid Klimke vor Herausforderungen. (Foto: Horst Streitferdt/ Reite zu Deiner Freude, KOSMOS Verlag)

SCHWERPUNKTTHEMA: **PROBLEM PFERD?**

Ein Schritt zurück ist noch lange kein Rückschritt: Nicole Künzel über einen ihrer schwierigsten Fälle. (Illustration: Christine Orterer)

40

92

Das ist die falsche Phase! Warum wir ganz normale Bewegungsphasen nicht auf Fotos sehen möchten. (Foto: Christiane Slawik)

PFERD & **GESCHICHTE**

PFERD & **GESUNDHEIT**

PFERD & **MEINUNG**

GRAND PRIX
TROTZ GEBÄUDEFEHLERN

Elektron in der Piaffe.
(Foto: privat)

Duke war alles andere als ein ideales Dressurpferd und neigte dazu, den Reiter immer mal wieder abzubocken. Dennoch bildete Christoph Ackermann den Trakehner mithilfe von Egon von Neindorff bis zur Grand-Prix-Reife aus.

INTERVIEW MIT CHRISTOPH ACKERMANN

FEINE HILFEN:
Welches Pferd hat Sie reiterlich am meisten gefordert?

Christoph Ackermann: Ein Trakehnerwallach namens Duke. Meine Eltern kauften ihn als Dreijährigen, als ich etwa 16 Jahre alt war. Da war er leider bereits geritten und sogar Jagden gegangen. Duke war ein 1,72 Meter großer Rappe von Herbststurm mit einigen Gebäudefehlern. Die Hinterbeine waren kuhhessig, der Rücken sehr lang, der Hals tief angesetzt und die Ganaschen sehr prominent, was die Beizäumung natürlich erschwerte.

FEINE HILFEN: Das klingt nicht ideal für ein Dressurpferd ...?

Ackermann: Genau. Es war sehr schwer, das Pferd zu schließen. Und dennoch wurde er mein erstes, später auch erfolgreiches, Turnierpferd. Ich ritt ihn zunächst vorwärts-abwärts und stellte ihn bald auf Turnieren der Klasse A vor. Das war noch kein Problem, hier konnten wir gewinnen oder uns hoch platzieren. Auch in ersten L-Dressuren waren wir erfolgreich. Ab da kam ich ausbildungstechnisch nicht weiter. Zwar war Dukes Trab schön, spätestens im Mittelgalopp wurde er hinten breit, und alles, was in Richtung Versammlung ging, fiel ihm sehr schwer. Dazu kam, dass er immer mal wieder die Zunge hochzog, was er sich beim Anreiten angewöhnt haben musste. Und an manchen Tagen konnte er den Reiter durch Bocken absetzen – ich bin ein paarmal gegen die Bande geflogen.

FEINE HILFEN:
Keine gute Ausgangssituation. Wie konnten Sie trotzdem in Dukes Ausbildung vorankommen?

Ackermann: Ich nahm Duke oft mit zu Egon von Neindorff. Vormittags ritt ich ihn in der ganz normalen Gruppenstunde, nachmittags bekam ich Einzelunterricht. Herr von Neindorff ließ Duke an der Longe traben. Er hatte Ausbinder eingeschnallt und ließ mein Pferd immer wieder über ein einzelnes, flach eingestelltes Trabcavaletto gehen. Ich hatte passiv zu sitzen und das Pferd nicht zu stören. Herr von Neindorff engagierte Duke freundlich, aber bestimmt von hinten. Duke ging immer balancierter und immer schöner über den Rücken. Als er sechsjährig war, piaffierte Herr von Neindorff ihn an. Er ließ mich auch oft Schulterherein und Travers reiten, damit Duke lernte, auf jeweils einer Seite die Hanken zu beugen. Das Genick korrigierte Herr von Neindorff eigentlich nie direkt. Ihm war nur wichtig, dass Duke nicht zu hoch kam und er stets über den Rücken gehen konnte. „Ist der Rücken nicht in Ordnung, ist nichts in Ordnung", sagte er immer wieder. Und mein Pferd wurde besser und besser. Das Cavalettitraining war jahrelang Teil seiner Ausbildung und irgendwann ging mein Trakehner trotz seiner Gebäudefehler auf Grand-Prix-Niveau. Im Mittelgalopp habe ich ihn in der Prüfung trotzdem immer nach innen gestellt, damit er hinten nicht breit wurde. Ein schwerer Fehler eigentlich, aber anders ging es nicht. Von keinem Pferd hatte ich so viel gelernt wie von Duke.

FEINE HILFEN:
Was wurde aus dem Zungehochziehen und dem Bocken?

Ackermann: Duke hat immer mal wieder gebockt, sein Leben lang. Das passierte einfach ab und zu. Ich war jung und lernte, damit zu leben. Er wurde übrigens gesund 27 Jahre alt. Das Zungenproblem verschwand nie ganz, ich konnte es nur abmildern. Manche Dinge sind menschengemacht – das Zungenproblem zum Beispiel. Andere liegen in der Persönlichkeit des Pferdes. Ein weiteres Grand-Prix-Pferd, ein Trakehnerwallach namens Elektron, scheute dafür häufig. Er konnte wunderbar laufen, sah aber manchmal die Säbelzahntiger aus dem Boden wachsen. Dann konnte man nur versuchen oben zu bleiben, ihn beruhigen und ihn in die Gegenrichtung stellen. Gerade auf Turnieren konnte das Scheuen problematisch werden.

FEINE HILFEN: Gibt es Dinge, die man nicht korrigieren kann?

Ackermann: Man kann alles abmildern, in der Ausbildung zurückgehen, Ruhe ins Pferd bringen. Wird das Pferd

Christoph Ackermann über „Problempferde“

In meiner Betrachtung gehe ich von einem körperlich gesunden Pferd aus. Damit schließe ich Pferde aus, die Untugenden an den Tag legen, die durch einen von Haus aus irreparablen bestehenden Schmerz im eigenen Körper verursacht werden.

Alle anderen reitbaren Pferde sind Individualisten und haben an der einen oder anderen Stelle oder im Lauf der Ausbildung ihre Problemstellungen durch uns Menschen bekommen. Wenn wir uns vor Augen führen, dass unsere Pferde von Natur aus nicht zum Reiten geboren sind, dann können wir schon daran erkennen, dass wir in der Ausbildung mal auf größere oder kleinere Herausforderungen stoßen werden. Neben dem Gebäude, dem Charakter und dem Temperament spielen auch die Psyche und Auffassungsgabe des Pferdes eine große Rolle.

Es gibt für mich zwei Ausgangssituationen, mit einem Pferd in der Arbeit zu beginnen:

1. Wenn wir das Glück haben, ein Pferd selbst einreiten zu können, und wenn wir dies im Sinne der klassischen Reitkunst vornehmen, dann werden uns schon von Anfang an Vertrauen, Gehorsam und Motivation durch unsere Remonte entgegengebracht. Dieses unaufgeregte, ungestörte Vertrauen wird uns wesentlich in der weiteren Ausbildung helfen. Legen wir Wert darauf, dass dies auch so bleibt, dann ist die Chance sehr gering, dass wir ein Problempferd bekommen werden.

2. Ganz anders verhält es sich bei Pferden, die wir mehr oder weniger „ausgebildet“ kaufen, die bereits ihre negativen Erfahrungen und Prägungen sammeln „durften“. In den häufigsten Fällen entstehen diese dadurch, dass gerade nicht auf die jeweils momentanen Fähigkeiten unseres Pferdes eingegangen wurde und es bewusst oder unwissentlich überfordert wird. Die Gründe hierfür sind unterschiedlich motiviert. Sehr oft spielt hier das „schnelle“ oder „große“ Geld, das beim Verkauf erzielt werden soll, eine Rolle. Diese dafür präparierten Pferde sperren sich dann, weil sie das von ihnen Eingeforderte nicht leisten können oder nicht verstehen und befinden sich damit im Oppositionsmodus. Damit meine ich Pferde, denen ganz offensichtlich die natürliche, ursprünglich bestehende Motivation schon genommen wurde und nun zum Problempferd „mutieren“.

Dies kann im Extremfall so weit betrieben werden, dass wir echt unangenehme Problempferde bekommen (die nach uns treten, beißen, steigen, sich dabei nicht selten überschlagen, bocken und den Reiter so loswerden wollen etc.), die dies aber von Hause aus überhaupt nicht waren. Im Gegenteil: Wir finden heute Pferde, die durch Zucht weit mehr dafür geeignet sind, gut geritten zu werden, als je zuvor. Wirklich sture Pferde, wie z. B. zur Zeit von Grisone (Anfang des 16. Jahrhunderts) gibt es heutzutage vermutlich viel seltener. Meiner Meinung nach finden die meisten Herausforderungen mit Pferden im Kopf statt – in dem des Pferdes und in unserem. Die „externe“ Beeinflussung unserer Reitweise durch das soziale Umfeld kann bereits reichen, ein Problempferd zu kreieren – wenn wir dies zulassen.

Wollen wir das ändern bzw. Pferd und Reiter auf einen guten Weg bringen, muss einer von beiden Partnern diesen Teufelskreis durchbrechen. Und wie könnte es meiner Meinung nach nicht anders sein, als dass wir Reiter hier wieder die führende Rolle übernehmen werden? Denn es ist unsere Aufgabe, uns dem Pferd verständlich zu machen und zu erklären – es ist aber nicht Aufgabe des Pferdes, uns verstehen zu müssen! Wenn das Pferd uns nicht versteht und in „Probleme“ flüchtet, dann haben wir den Fehler begangen. Und wenn wir ehrlich suchen, dann werden wir diesen finden und daran arbeiten können.
Oftmals ist es aber die Zeit, die wir uns nicht (mehr) nehmen, um aus dieser verfahrenen Situation wieder auf einen guten Weg zu kommen. Mit Tipps und Tricks wird dann an einzelnen Symptomen herumgedoktert, ohne über eine saubere, vielleicht auch selbstkritische, ehrliche Diagnose zur Ursache dieser Schwierigkeiten zu kommen. Sobald wir aber die Ursache dafür kennen, können wir sofort daran arbeiten. Das bedeutet in den allermeisten Fällen, dass wir im Sinne unseres Pferdes in der Ausbildung ein, zwei oder mehrere Schritte zurückgehen müssen. In jedem Fall muss zuerst eine fundierte Basis wiederhergestellt werden, um dann darauf aufbauend hoffentlich zum vorher verlassenen Status – nach langer mühseliger Arbeit – zurückkehren zu können.
Wahrscheinlich müssen wir auch wieder an einem präziseren Reitsitz feilen, da dieser in der korrekten Form die sogenannten Reflexpunkte des Pferdes sauber anspricht und es daraufhin intuitiv genauer reagieren und lernen kann. Das Pferd gewinnt wieder an Vertrauen und Zuverlässigkeit. Damit werden beinahe automatisch die Probleme heruntergefahren.

Nehmen wir uns also die notwendige Zeit. Zeit bedeutet, dass unser Pferd uns wichtig ist! Dann werden wir erfolgreich diese Herausforderungen meistern und Schritt für Schritt unserem Ziel näher kommen.

Deshalb bleibt mein Motto weiterhin gültig:
„Viel zu viel – zu schnell – ist viel zu langsam!“

beim fliegenden Wechsel heiß, sorgt man immer wieder dafür, dass es wirklich korrekte Schritt-Galopp-Übergänge geht und arbeitet an der Durchlässigkeit. Und nimmt es gelassen hin, wenn ein junges Pferd anfänglich nervös wird beim Wechseln. Das wird sich mit mehr Kraft und Routine geben.
Wer da den klassischen Ausbildungsweg beschreitet, tut das Bestmögliche. Aber wenn ein Pferd zum Scheuen oder Bocken neigt, wird es nicht absolut anfängertauglich werden. Schon gar nicht mit Gewalt. Im Gegenteil: Die Pferde gehorchen vielleicht eine Weile, weil sie von Haus aus gutmütig sind. Sie werden die Anspannung an anderer Stelle aber sicher irgendwann zeigen. Das Naturell des Pferdes kaufe ich einfach mit. In einer Partnerschaft zwischen zwei Menschen ist man sich ja auch nicht immer einig.

FEINE HILFEN: Gibt es Pferde, die nicht geritten werden sollten?
Ackermann: Ja. Nicht alle Menschen sind gleich gut geeignet für große sportliche oder intellektuelle Leistungen – das ist bei Pferden nicht anders. Ich erinnere mich an ein Pferd namens Athos, das bei Egon von Neindorff stand. Der ging senkrecht in die Höhe, egal wie leicht man mit der Hand war. Das Problem ließ sich nicht ganz korrigieren und meiner Ansicht nach muss man solche Pferde einfach nicht reiten. Es ist völlig in Ordnung, sie auf die Koppel zu stellen. Herr von Neindorff legte Wert darauf, dass an den Stärken der Pferde gearbeitet wurde. Trotzdem hatte er keine reinen „Lektionenpferde“, die nur Piaffieren konnten und sonst nichts. Auf den Vorführungen ließ er aber natürlich jedes Pferd das zeigen, was es besonders gut konnte.

FEINE HILFEN: Hat jedes Pferd „Baustellen“?
Ackermann: Ja, sicher. Es gibt aber auch sehr unproblematische Pferde, wie mein Erfolgspferd Champus. Die heutige Zucht hat sich da sehr verbessert, wenn man das mit dem beschreibt, was Grisone so schilderte. Heute werden Problempferde eher vom Menschen kreiert. Wenn ich mir auf Turnieren oder in Verkaufsställen anschaue, wie diese kooperativen, schön gebauten modernen Pferde geritten werden, kann ich nur sagen: Da schafft der Mensch aktiv Problem-pferde. Fast jedes Pferd, das auf einer Reitpferde-Auktion gekauft wird, hat in der Regel bereits ein größeres oder kleineres Problem bekommen.

Duke unter Christoph Ackermann im Mitteltrab. (Foto: privat)

CHRISTOPH ACKERMANN

... aus Miltenberg ist ein national und international sehr erfolgreicher Dressurreiter. Er besitzt das goldene Reitabzeichen und reitet bis auf Grand-Prix-Niveau. Seine Pferde bildete er alle selbst aus. Sein Ausbilder und großes Vorbild – nicht nur in Bezug auf das Reiten – war der bekannte Reitmeister der klassischen Reitkunst und hohen Schule, Egon von Neindorff. Deshalb kommt es nicht von ungefähr, dass Ackermann seine turniersportlichen Erfolge nicht vor dem Hintergrund des (falschen) Ehrgeizes anstrebt. Bei ihm definiert sich Erfolg darin, dass seine Reitschüler lernen, die Harmonie zwischen sich und dem Pferd herzustellen und dass für sie das Wohlergehen des Pferdes immer an erster Stelle steht. Reiten mit und nicht gegen das Pferd und dessen Gesunderhaltung durch naturorientierte Gymnastizierung, das sind die Leitsätze, die in Christoph Ackermanns Ausbildung Priorität haben.

Weitere Infos:
www.conde-reitseminare.de

Escada war anfangs ein „Feuerstuhl“ in der Dressur. Neben Routine, Arbeit am Boden und viel gemeinsam verbrachter Zeit half Reiten ohne Bügel: „So bin ich dichter am Pferd“, sagt Ingrid Klimke. (Foto: Horst Streitferdt/ Reite zu Deiner Freude, KOSMOS Verlag)

ROUTINE, BODENARBEIT UND TELLINGTON-TOUCHES

SO WURDE SAP ESCADA FRH AUCH IN DER DRESSURPRÜFUNG WELTKLASSE

INTERVIEW MIT INGRID KLIMKE

FEINE HILFEN: Frau Klimke, gibt es ein Pferd, das Sie vor besondere Herausforderungen gestellt hat?
Ingrid Klimke: Da fällt mir direkt SAP Escada FRH ein. Die braune Hannoveraner Stute ist ein echtes Weltklassepferd. Sie ist ein Ausnahmetalent mit sehr viel Vermögen und Herz am Sprung und im Gelände. Sie bringt alles mit, was ein Top-Vielseitigkeitspferd haben muss. Charakterlich ist sie sehr selbstbewusst, aber auch unheimlich fein und sensibel. Ich übernahm sie achtjährig von Andreas Brand, der sie gut ausgebildet hatte, und war von Anfang an begeistert von ihr. Elastische Bewegungen, fein zu reiten und brav im Umgang. Und dann ritt ich die erste Vielseitigkeit mit ihr in Vairano, unter den Augen des Bundestrainers – und Escada machte in der Dressur vom Einreiten bis zum abschließenden Grüßen das Gegenteil von dem, was ich wollte, und wollte sich in keinster Weise beeinflussen lassen …

FEINE HILFEN: Was haben Sie dann gemacht?
Klimke: Ich habe mit ihrem vorherigen Reiter Andreas Brand gesprochen und ihn gefragt, wie er sie bisher durch die Dressuraufgaben geritten hat. Er ritt sie nur kurz ab und steuerte sie so gut es ging durch die Aufgabe, ohne sie zu sehr zu fordern, was in den höheren Aufgaben schwierig für mich als Dressurreiterin war. Es dauerte dann tatsächlich eine ganze Saison, bis Escada in der Dressur ganz bei mir war. Bis dahin war ich oft „Beifahrer“, denn sie nahm die Hilfen vorweg. Ohne gute Dressur wäre sie aber chancenlos in den Vielseitigkeitsprüfungen, also mussten wir das Problem irgendwie in den Griff bekommen.

FEINE HILFEN: Wie haben Sie es geschafft, dass Escada in Dressurprüfungen besser zu kontrollieren war?
Klimke: Ich nahm sie über den Winter fast jede Woche mit

zu ländlichen Dressurturnieren. Dabei ging es mir überhaupt nicht um Platzierungen, sondern nur darum, dass sie Routine im Viereck bekam. Ich testete, ob es sinnvoll war, sie lange oder kurz abzureiten. Oder ob ich sehr früh etwas mit ihr arbeitete und dann einige Stunden später, ohne noch mal viel abzureiten, in die Prüfung ging. Oft ritt ich mit Zügelbrücke und übergeschlagenen Bügeln auf dem Abreiteplatz, um dichter „im Pferd" zu sein und besser mitschwingen zu können. Mit ganz viel Ruhe, Konsequenz und Geduld wurde es besser. Das Problem lag aber natürlich nicht nur beim Pferd: Je angestrengter ich wurde, desto „heißer" wurde Escada.

FEINE HILFEN: Das stelle ich mir schwierig vor. Wenn ich mir sage: „Jetzt sei mal gelassen!", macht mein Körper das Gegenteil. Wie konnten Sie das lösen?
Klimke: Ich holte mir Hilfe bei Peter Kreinberg, den ich als Pferdemenschen sehr schätze. Er sagte, Escada und ich seien sehr ähnlich – sobald wir zusammen arbeiten, sind wir „an" und wollen loslegen. Trotzdem musste ich ja an ihrem Gehorsam arbeiten, sonst wäre sie für den großen Sport ungeeignet gewesen. Ich sagte zu Peter Kreinberg: „Ich mache nichts und sie wechselt schon!" Er meinte daraufhin, nichts sei schon zu viel. Sobald ich denke: „Ich mache doch nichts", würde ich mich schon zu sehr anspannen. Unter meiner Stallmanagerin Carmen oder meiner Tochter Greta ging sie übrigens völlig entspannt. Saß ich im Sattel, war sie „an".
Ich bin absolut bereit, über den Tellerrand zu schauen, und das war bei Escada sehr hilfreich. Ich zeigte Escada, dass ich nicht immer nur diejenige bin, die für die Action verantwortlich ist. Ich fragte auch Ina Gösmeier und Linda Tellington-Jones um Rat, machte mit Escada Führtraining, erarbeitete Zirkustricks, ritt mit Halsring … Ich spielte mit ihr. Oder ich kam einfach „zum Chillen": Ich kraulte sie und war mit ihr zusammen. So baute sie immer mehr Vertrauen zu mir auf. Sie ist sehr personenbezogen, läuft hinter mir her und ist dabei sehr liebenswert. So ein Pferd kann man eben nicht „einfach nur reiten".

FEINE HILFEN: Das stelle ich mir gar nicht leicht vor. Sicher haben nicht alle Besitzer von Sportpferden so viel Verständnis und Geduld, bis Pferd und Reiter zusammenwachsen …?
Klimke: Ich habe das Glück, dass ich Mitbesitzerin bin und Escada Madeleine Winter-Schulze gehört, die immer an das Pferd glaubte und mich sozusagen „machen ließ". Und der Erfolg gibt uns ja recht: Es war schon ein Highlight, als Escada 2015 die Vier-Sterne-Vielseitigkeit in Luhmühlen gewann.

FEINE HILFEN: Vielen Dank für das Gespräch!

Escada ist ein Weltklassepferd – und stellte Ingrid Klimke vor Herausforderungen. (Foto: Horst Streitferdt/ Reite zu Deiner Freude, KOSMOS Verlag)

DR. REINER KLIMKE

… empfahl seiner Tochter Ingrid „Reite zu deiner Freude". Die machte das Reiten zwar zum Beruf, befolgte seinen Rat aber trotzdem. Ingrid Klimkes neues Buch ist ihr persönlichstes: Die Reitmeisterin mit höchsten Erfolgen in der Vielseitigkeit stellt nicht nur ihre vielseitige Ausbildung vor, sondern auch ihr Team und ihre Pferde – darunter auch Escada.

www.ingrid-klimke.det

BUCHTIPP:

Ingrid Klimke
Reite zu Deiner Freude

Kosmos Verlag
ISBN 978-3-440-14873-0, 29,99 €

Stern ist einseitig erblindet.
Durch den mittlerweile 22-jährigen Trakehner lernte Wolfgang Marlie, Krankheiten als Chance zu begreifen.
(Foto: Ulrike Bergmann)

„MAG ICH PFERDE ODER MAG ICH DEN ERFOLG MIT IHNEN?

Wenn man oben in einen Automaten das passende Geld wirft, plumpsen unten die ausgewählten Süßigkeiten raus. So ungefähr habe ich die kleine Holsteiner Stute Illusion behandelt, die in den 1970er-Jahren auf meinen Hof kam. Ein unglaublich schickes, zierliches Pferdchen. Mit 1,59 Metern Stockmaß zu klein für den großen Sport, gerade angeritten – und unglaublich hektisch. Bevor man auch nur daran denken konnte, sie zu treiben, rannte sie bereits. In jeder Ecke sah sie Gespenster – und schon diese Formulierung sagt viel darüber aus, mit welcher Einstellung ich mich daranmachte, das Pferd weiter beziehungsweise besser auszubilden. Im Nachhinein kommt es mir so vor, als hätte ich pausenlos versucht, große Geldscheine in den Münzschlitz eines Automaten zu stopfen und mich ernsthaft darüber gewundert, dass unten keine Schokolade rausfiel.

AUS DER SICHT VON WOLFGANG MARLIE
VON ULRIKE BERGMANN

(Foto: Ulrike Bergmann und privat)

Zu dieser Zeit kam es uns vor allem darauf an, dass ein Pferd gerade gerichtet an den äußeren Zügel herantritt und sich im verkürzten Rahmen taktmäßig im Gleichgewicht bewegt. Leistungen, die mir auch heute noch wichtig sind, aber in keinem Fall mehr an erster Stelle stehen. Dass für mich heute der Inhalt vor der Form kommt, dass es mir erst um eine vertrauensvolle Beziehung und um Lust oder Neugier auf gemeinsame Aktivitäten geht, diese Erkenntnis verdanke ich zu einem großen Teil Illusion.

Eine Stunde hatte ich sie täglich unter dem Sattel, eine Stunde lang versuchte ich, sie in ein taktmäßiges Tempo zu bekommen … Seien wir ehrlich, ich versuchte, sie dort mit allen mir bekannten reiterlichen Techniken hineinzuzwingen. Aber jeder Sonnenkringel, der auf den Hallenboden fiel, jeder Wasserfleck an der Bande, jedes Klappern der Tür sorgte dafür, dass sie augenrollend und schnaubend zur Seite sprang. Sie war ständig aufgeregt, man könnte auch sagen, sie war ständig auf der Flucht – und zwar, wie ich heute weiß, vor ihrem Reiter.

Damals gab es noch keine Handys. In einer Ecke unserer Reithalle, gleich neben der Tür, hing deshalb ein Telefon an der Wand. Wenn es klingelte, ritt ich darauf zu, parkte mein Pferd daneben ein und telefonierte von seinem Rücken aus. Klingt einfach, führte aber bei schreckhaften Berittpferden manches Mal dazu, dass ich mich zwischen Sattel und Telefon entscheiden und den damals ja noch mit einer Schnur an den Apparat gebundenen Hörer krachend gegen die Bande fliegen lassen musste. Mit Illusion klappte zumindest das Einparken relativ gut, und irgendwann fiel mir auf, dass das zierliche Stütchen meine Telefonate sogar zu genießen schien. Wenn ich den Hörer von der Gabel nahm, atmete sie aus und konnte verhältnismäßig ruhig stehen. Beendete ich das Gespräch, war sie sofort wieder in Alarmbereitschaft: tänzelte, schlug mit dem Kopf, und wenn ich sie mit dem inneren Zügel am Losrennen hinderte, kreiselte sie halt um ihre eigene Vorhand. Ich begann es bewusst zu testen, indem ich mich extra in der Halle anrufen ließ beziehungsweise einfach so zum Telefon ritt und den Hörer abnahm. Und tatsächlich, für Illusion war es das Signal zur Entspannung. Mir verschaffte meine eigene Beobachtung dagegen mächtig Kopfzerbrechen: Wie viel Druck machte ich ihr? Offensichtlich zu viel, das musste ich mir eingestehen.

DAUERFLUCHT MIT FUTTERSCHÜSSELN

Als erste Maßnahme schnallte ich daraufhin die Sporen ab und legte die Gerte weg. Trotzdem war das Pferd unter mir ständig auf der Flucht. Dann beschloss ich, nur noch Schritt zu reiten. Erster Hufschlag, immer außen rum. Kein Stellen, kein Biegen, nur ein leichter Kontakt zum Pferdemaul, mehr nicht.

Acht Monate hielt ich durch. Tag für Tag, eine Stunde Schritt. Es hatte etwas vom Ponyreiten auf dem Jahrmarkt. Mit dem Unterschied, dass die Ponys dort nicht mal einen Blick zur Seite werfen, geschweige denn einen Hopser machen. Illusion blieb nervig, guckig, angespannt. Und in mir begann es immer mehr zu brodeln: Da verlangte ich nun schon so wenig! Nur Schritt! Konnte sie dann nicht zumindest dieses bisschen gut machen? Mensch, Pferd! Das ist doch nicht zu viel verlangt …

Nach acht Monaten ließ ich auch noch die Zügel weg und versuchte, ein Frage-Antwort-Spiel mit ihr zu machen: Wie findest du es, wenn ich beispielsweise den inneren Schenkel leicht anlege? Mal antwortete die Stute darauf, indem sie die Beine in den Boden rammte, mal schoss sie buckelnd durch die Halle. Und egal ob mit oder ohne Schenkel, die Ecken blieben ihr Albtraum. Und meiner damit auch. Also noch weniger Druck. Oder vielleicht mehr positive Anreize? Ich seufzte innerlich auf: Na gut, von mir aus. Aber wie? Tag und Nacht dachte ich angestrengt darüber nach. Dann hatte ich die Idee, ihr die Ecken im wahrsten Sinn des Wortes schmackhaft zu machen. Ich platzierte dort Futterschüsseln und ließ das Pferd auf unserem Weg jeweils ein Maulvoll nehmen. Das musste ihr doch einfach gefallen! Tatsächlich ließ sie sich darauf ein, wurde aber nur noch hektischer, weil sie jetzt auf ihrer Dauerflucht auch noch versuchte zu fressen. Quasi im Vorbeifliegen schnappte sie in die Schüsseln. Die Vorstellung, sie könnte dabei ruhig stehen bleiben, entspannt fressen und die Gespensterecken so geradezu lieben lernen … Ihr Name war auch in diesem Fall Programm: Meine Ideen blieben eine einzige Illusion.

BERG UND MEER

Die Stute wohnte bis zu ihrem Tod in meinem Stall, aber nie hatte ich das Gefühl, sie wirklich ins Herz schließen zu können. Sie blieb mir ein Rätsel. Und warum? Heute ist mir das sehr bewusst: Weil ich eben krampfhaft daran arbeitete, sie zum Funktionieren zu bringen. Weil ich mir selbst den Druck machte, es doch hinbekommen zu müssen. Weil ich für meine Freundlichkeit, für die weggelassenen Sporen, die Snackstationen am Wegesrand Gegenleistungen erwartete. Was für ein Quatsch! Wenn ein Bergsteiger einen Gipfel erklimmen möchte, erwartet er von dem Berg ja auch nicht, dass er sich ein bisschen kleiner macht. Nur weil der Kletterer sich solche Mühe mit ihm gibt.

Pferde so als Naturereignis wahrzunehmen, das ist ein gedanklicher Ansatz, der mir sehr hilft. Dann muss man nicht mit ihnen hadern, sondern kann sich an ihnen freuen oder sich im Zweifel eben nicht mit ihnen beschäftigen. Ihnen übel zu nehmen, dass sie ängstliche Fluchttiere sind, deren einziges Ziel es ist, bestmöglich für sich selbst zu sorgen, ist sinnlos. Es ist so, als würde der Segler dem Meer ankreiden, dass es tief ist.

WILDFANG

Bis heute leiste ich bei den Pferden, denen ich wegen meiner Leistungsorientierung nicht aus ihrer Not heraushelfen konnte, innerlich Abbitte: Der Grund für ihre Panik saß meistens auf ihrem Rücken. Aber auf den Gedanken muss man erst mal kommen. Als ich in den 1950er-Jahren reiten lernte, war der Umgang mit Tier und Mensch vom Militär geprägt. Empathie? Ich glaube, wir kannten nicht mal dieses Wort. Auf die Idee, Vertrauensaufbau vom Boden aus zu beginnen, bin ich nicht ansatzweise gekommen. Spielerische Bewegung mit einem frei laufenden Pferd, ein Nachahmen des Herdenlebens – so etwas war nicht üblich. In Warendorf hatte ich gelernt, schon ganz junge Pferde mit Hilfszügeln zu trainieren. Longieren ohne Ausbinder galt als Tierquälerei. Man machte die Sachen so, wie sie im Lehrbuch standen – und ich machte dabei fleißig mit.

Es waren viele Pferde, die mich immer wieder zum Umdenken anregten und auf neue Ideen brachten. Beispielsweise zur Entdeckung der Bodenarbeit verhalf mir ein junger Wallach namens Wildfang. Im Gegensatz zu Illusion, die in ihrer Not zwar rannte und buckelte, dabei aber immer relativ gut zu sitzen war, machte er mir reiterlich richtig Angst. Er zwang mich also, über alternative, für mich und damit auch für ihn sicherere Trainingsmethoden nachzudenken.

Seit Anfang dieses Jahres kann ich meine heutige Sicht auf Pferde noch mal anders in Worte fassen: Im Februar wurden meine Frau und ich zum ersten Mal Großeltern. Wenn unser Sohn und unsere Schwiegertochter voller Begeisterung jede Regung ihrer kleinen Tochter feiern, jedes Bäuerchen und jede volle Windel begrüßen, zeigen sie mir, dass Elternliebe die bedingungsloseste Form der Liebe ist, die es gibt. Eltern freuen sich über ein Kind, obwohl es nichts kann, außer genau

Wolfgang Marlie bildet seit Jahrzehnten Pferde aus. Einige davon brachten ihn zum Umdenken – darunter die Holsteiner Stute Illusion. (Foto: Ulrike Bergmann und privat)

dann zu weinen, wenn sie schlafen möchten. Sie freuen sich einfach darüber, dass es da ist, und darauf, dass sie ihm dabei helfen dürfen, neugierig die Welt zu erobern.

So möchte ich heute jedes Pferd unterstützen, mit dem ich zu tun haben darf. Ich möchte mich einfach an ihm freuen. Einfach? Na ja, ich gestehe, es gelingt mir noch nicht immer. Aber immer öfter. Nach mehr als 60 Jahren Arbeit mit Pferden und über 55 Jahren mit Pferden und Reitern bin ich überzeugt, dass es keine schwierigen Pferde gibt, sondern nur Pferde in Schwierigkeiten. Damals hatte ich das Gefühl, dass Illusion und Wildfang mir nur Schwierigkeiten machten. Heute sehe ich es so, dass sie in Schwierigkeiten waren und dass sie uns Menschen damit eigentlich einen Gefallen tun. Sie bieten uns die Chance, das zu tun, was wir als soziale Wesen gern machen: helfen.

STERN

Ein hilfsbedürftiges Pferd ist auch unser Stern. Ein 22 Jahre alter Trakehner, den ich geschenkt bekam, als er sieben Jahre alt war. Er scheint eine sehr unglückliche Prägephase, vermutlich ohne Alters- oder überhaupt Artgenossen, gehabt zu haben. In meiner Herde ist er bis heute ein Außenseiter. Egal ob auf dem Paddock oder auf der Weide, Stern fällt immer wieder damit auf, dass er sich durch sein eigenes asoziales Verhalten Ärger einhandelt: Er gängelt andere Pferde, gibt keine Ruhe, wenn sie ihn daraufhin verjagen, und versteht scheinbar gar nicht, dass er durch seine Provokationen an den meisten Beulen und Bisswunden, die er sich so zuzieht, selbst schuld ist. Beim Reiten gerät er schnell unter Stress, als sei er ständig in Sorge, etwas nicht zu verstehen.

Infolge einer periodischen Augenentzündung ist er links blind – und dann kam er vor gut fünf Jahren eines Abends mit einem Riss im rechten Augenlid vom Paddock. Wir haben keine Ahnung, wie er das geschafft hat. Am trotz Standnarkose zappelnden Pferd flickte unsere Tierärztin Dr. Kirsten Block das Lid wieder zusammen und stand dann vor einem ganz anderen Problem: Selbst wenn die Wunde wunschgemäß heilte, würde sie dabei irgendwann jucken, und der normale Reflex des Pferdes wird sein, sich zu scheuern. Deshalb wollte Kirsten das frisch genähte Lid eigentlich dick verbinden und verpflastern. Eigentlich. Aber Sterni wäre damit auf einen Schlag vollkommen blind gewesen. Was also tun? Wir entschieden uns dafür, ihn in der größten Box meines Stalls quasi auszubinden. So wie man Pferde zum Putzen auf der Stallgasse rechts und links am Kopf fixiert, stellten wir Stern in die Mitte der Box, spannten zwei Stricke, die wir ins Halfter einklickten, und hängten ihm links einen Heusack an die Wand.

Ich gestehe, kein wirklich gutes Gefühl dabei gehabt zu haben: Er kam mir vor wie in einem Gefängnis, und noch während wir mit der Einrichtung der Box beschäftigt waren, warfen die ersten Schüler uns kritische Blicke zu, das Wort Tierquälerei machte die Runde. Tatsächlich versuchte Stern anfangs, sich aus seiner Zwangsjacke zu befreien, riss an den Stricken, knickte mit der Vorhand ein, so weit das möglich war … Nein, das war kein schönes Bild. Aber was war die Alternative?

Drei Wochen stand das Pferd so in seiner Box. Sieben Mal am Tag und am späten Abend boten wir ihm Wasser aus einem Eimer an. Der Heusack war rund um die Uhr prall gefüllt. Außerdem bedauerte ihn natürlich jeder, der des Weges kam – und bescherte ihm damit einen kolossalen sekundären Krankheitsgewinn: Nie vorher und leider auch nie hinterher bekam Stern so viele Möhrchen im wahrsten Sinn des Wortes geschenkt. Also, ohne dafür eine Gegenleistung erbringen zu müssen. So viele Streicheleinheiten, so viele Massagen, Fell-, Mähnen- und

Schweifpflege, so viel liebevollen Zuspruch … Nie zuvor habe ich dieses unsichere, schnell aufgeregte Pferd so entspannt gesehen. Vermenschlicht würde man es glücklich nennen. Und das, obwohl er nicht mal die Chance hatte, sich irgendwie zu bewegen, geschweige denn sich hinzulegen.
Als die Wunde halbwegs verheilt war, führten wir ihn jeden Abend im Schritt durch die Halle. Wenn er dabei Anzeichen machte sich wälzen zu wollen, schrubbten wir ihn mit einer harten Bürste ab. Er war dabei so sanft, so unaufgeregt, so gut zu handeln … Vielleicht war es die beste Zeit seines Lebens.
Mich erinnert diese Geschichte an das Buch: „Ich sehe die Welt wie ein frohes Tier“, über die Autistin Temple Grandin. Sie ist Verhaltensforscherin und glaubt, aufgrund ihres Autismus so ähnlich fühlen zu können wie Tiere. Ihre Vermutung: Pferde und Rinder hätten ähnlich autistische Hirnstrukturen wie sie. Temple Grandin hat große Schwierigkeiten damit, sich von Menschen berühren zu lassen. Nicht mal ihre Mutter darf sie in den Arm nehmen. Aber als sie, Temple, zum ersten Mal einen Zwangsstand sah, in dem Rinder für medizinische Behandlungen fixiert werden, probierte sie diesen selbst aus und erlebte den Druck, der darin von allen Seiten auf sie wirkte, als wohltuend, entspannend, Sicherheit gebend. Sie baute sich daraufhin selbst so ein Gerät, nennt es liebevoll „Umarmungsmaschine“ und freut sich daran, wie andere Leute sich über einen Wellnesstermin freuen. Der Druck gibt ihr Halt und damit Sicherheit. Er befreit sie für einen Moment von Eigenverantwortung und, vielleicht ist das das Wichtigste, von der Verpflichtung, mit anderen Menschen kommunizieren zu müssen.
Ich glaube, so ähnlich ist es auch Stern ergangen. Niemand erwartete irgendetwas von ihm und er kam nicht mehr in die Situation, sich Ärger einhandeln zu können. Dazu diese Wohltaten von allen Seiten – für das Pferd müssen es drei Wochen im Paradies gewesen sein.
Ich bin sehr dafür, Pferde im Herdenverband zu halten. Meine sind jeden Tag gemeinsam draußen. Aber nach der Erfahrung mit Stern habe ich gelernt, Störungen wie Krankheit oder Verletzung auch als Chance für Tier und Mensch zu sehen. Als Chance darauf, sich gegenseitig Halt zu geben, sich noch besser kennenzulernen, enger zusammenzuwachsen.
Es ist sehr leicht, Verständnis für ein krankes Pferd zu entwickeln. Es kann sich ja nicht wunschgemäß verhalten, weil es krank ist.
Mein Anliegen ist es, unseren Schülern den Transfer in den vermeintlich gesunden Alltag zu ermöglichen: Ein Pferd kann sich nur so verhalten, wie es sich verhält, und wenn es sich in jeder Hallenecke fürchtet, dann macht es das nicht, um seinen Reiter zu terrorisieren, sondern weil es in Not ist. Ob zu Recht oder zu Unrecht, das kann niemand beurteilen. Die Angst ist in dem Moment so real wie ein frisch genähtes Augenlid.
Wenn Illusion davon auch nicht mehr viel hatte, meine Erkenntnisse aus der Zeit mir ihr beeinflussen meine Arbeit bis heute: Mit meinem Team möchte ich dafür sorgen, dass sich unsere Schüler in das Pferd verlieben, mit dem sie zu tun haben. Egal, ob es das eigene ist oder ein Schulpferd. Dieser Auftrag versöhnt mich damit, Schulpferde zu haben: Wenn uns unser Job gelingt, erfahren sie mindestens so viel Liebe und Zuneigung wie gut umsorgte Privatpferde. Wenn nicht sogar noch mehr.
Ich glaubte schon als Jugendlicher, Pferde zu lieben. Ehrlicherweise liebte ich aber vor allem den Erfolg mit ihnen.

Fragt man **Wolfgang Marlie** (78) danach, was er an seinem Beruf am meisten mag, antwortet er: „Wenn ich Pferden und ihren Menschen Mut zum fröhlichen Miteinander machen kann.“ Seit er 1961 die Hilfsreitlehrerprüfung bei Paul Stecken in Münster bestand, gibt Marlie Reitunterricht. Weitere Stationen seiner Laufbahn waren u. a. Warendorf und das Reitinstitut von Neindorff in Karlsruhe. Gemeinsam mit Ehefrau Kari führt er die Reiterpension Marlie in Scharbeutz an der Ostsee. Mehr Erlebnisse mit Pferden in Schwierigkeiten gibt es in seiner Biografie „Pferde, wie von Zauberhand bewegt“. Darin erzählt er u. a. ausführlicher von Stern und Wildfang und beschreibt seinen persönlichen Weg vom ehrgeizigen Turnierreiter zum entspannten Horseman. Einen praktischen Einblick in seine Arbeit bietet auch der gleichnamige Film, der 2014 bei pferdia tv erschienen ist. **www.reiterpension-marlie.de**

TIPP: PFERDE – WIE VON ZAUBERHAND BEWEGT

DVD

Pferdia TV
34,90 €

Buch

Kosmos Verlag
ISBN 978-3-4401-4483-1,
26,99 €

PRE-Hengst Caradura (kurz: Cara) stellte Bent Branderup vor eine besondere Aufgabe. (Foto: Maresa Mader)

ZEIT SPIELT KEINE ROLLE

Kann man Pferde tatsächlich innerhalb einer halben Stunde im Rahmen einer Show „korrigieren“? Und wie sieht es umgekehrt aus, wenn ein langer Ausbildungsweg verfolgt wird? Anna Eichinger hat mit Bent Branderup über schwierige Pferde rund um die Ausbildung in der Akademischen Reitkunst gesprochen.

INTERVIEW MIT BENT BRANDERUP

FEINE HILFEN:
Welches Pferd hat dich in deiner Laufbahn vor besondere Schwierigkeiten gestellt?

Bent Branderup: Meinem Knabstrupper Hengst Hugin ist das Buch „Akademische Reitkunst“ gewidmet. Er hat mich vor 30 Jahren völlig neu denken lassen, weil er Knochenbrüche in drei Beinen hatte und darüber hinaus erblindete. Durch ihn habe ich gelernt, dass das Pferd nicht für die Reitkunst da ist, sondern die Reitkunst für das Pferd.

Mein PRE-Hengst Caradura hat mich vor eine weitere besondere Herausforderung gestellt. Cara ist ein sehr liebes Pferd mit einem extrem tollen Charakter. Leider ist sein Bewegungskonzept aber von Natur aus sehr breitbeinig und ähnelt eher einem Traber als einem Spanier. Dazu kam ein sehr tiefer Halsansatz. Cara lief also schwer auf der Vorhand und mit der Hinterhand sehr breit. Erst im Alter von nun elf Jahren ist es mir gelungen, Cara auf die Hanken zu bringen. Das Unglaubliche daran: Cara ist mit elf Jahren um fünf Zentimenter gewachsen, da er sich im Widerrist um diese fünf Zentimeter leicht aus der Schulter heben kann.

Die Aufgabe in der Ausbildung war also, die Hinterhand geschmeidig zu machen, sie zu koordinieren und zu einer Funktionalität zu bringen. In dem Moment, in dem die Hinterhand ihre Funktionalität bekam, waren auch die Probleme im Hals gelöst, die Gänge des Pferdes wurden eleganter und geschmeidiger. In seiner Ausbildung bin ich einen anderen Weg gegangen, als ich es normalerweise mache, und habe im Vergleich zu anderen Pferden anders ausbilden müssen. Auf dieser Reise hatte ich viele Ideen und Überlegungen, beispielsweise bei der Arbeit an der Schulparade.

FEINE HILFEN:
Was war daran neu?

Bent Branderup: Die Schulparade war zu diesem Zeitpunkt gerade „wiederentdeckt“ worden. Bei der Schulparade geht es um Beugung der Hüfte, der Knie und des Sprunggelenks bis zum Fesselgelenk. Bei angehobenem Brustkorb spürt der Reiter die Abwesenheit jeglichen Widerstands in seiner Hand. Die Arbeit an der Parade vom Boden oder Sattel aus zeigt Widerstände und Blockaden auf und fördert nicht nur die Schulung der Reiterhand, sondern gleichsam das Verständnis des Pferdes für sie. Allerdings kamen bei Cara durch die Arbeit an der Schulparade neue Probleme hinzu. Ziel war es, durch die Schulparade die Gelenke der Hinterhand zu beugen und geschmeidiger zu machen. Mit meinen Frederiksborgern Zarif und Tysson war die Arbeit mit der Schulparade kein Problem, auch mein Knabstrupper Tableau hat den Weg der Parade über die Wirbelsäule in die Hinterhand gut umsetzen können. Cara allerdings hatte sich über einen „Katzenbuckel“ der Beugung der Gelenke entzogen und blieb erst recht steif in den Gelenken der Hinterhand. Lediglich die Lende wurde aufgewölbt und dabei das Hüftgelenk geöffnet. Damals konnte ich den Fehler noch nicht korrekt zuordnen. Sämtliche Probleme wurden mit Beginn dieser Arbeit verschlimmert, daher musste ich umdenken. Wir haben die Arbeit mit dem versammelten Schritt, dem Schulschritt, hinzugefügt. Dabei konnte ich in aller Ruhe an der fehlenden Geschmeidigkeit der Hinterhand arbeiten und diese mobilisieren. Nach drei Jahren intensiver Handarbeit, die ich aus der Pilarenarbeit entwickelt habe, und gelegentlichem Reiten stellten sich erste Erfolge ein. Erst seit Januar dieses Jahres kann ich die Ernte dieser mühevollen Detailarbeit einfahren – oder einreiten –, denn plötzlich waren alle Lektionen, die wir am Boden erarbeitet hatten, vom Sattel aus abrufbar – bis hin zu Piaffe und Galoppwechseln. Wenn das Pferd auf den Hanken ist, ist alles möglich. Bis ich dahin kam, musste ich aber öfter grübeln.

Bevor Caras Gänge sich unter dem Sattel positiv verändern konnten, investierte Bent Branderup viel Zeit in die Arbeit am Boden. (Foto: privat)

FEINE HILFEN: Der Weg führte also über die Versammlung: Wäre es über Vorwärtsreiten nicht auch gegangen?

Bent Branderup: Cara hat zwar eine starke Schulter und starke Vorderbeine. Er hätte es aushalten können und wäre wohl beim Ausreiten im Gelände nicht verbraucht worden. Allerdings gibt es Pferde mit einer ähnlichen Veranlagung und schwacher Schulter und schwachen Vorderbeinen, die man durch ausschließliches Geländereiten verschleißen kann.

Wichtig ist, als Ausbilder stets zu bedenken, dass die ganze Dressur ihren Inhalt verliert, wenn weder Pferd noch Mensch daran Freude haben. Mit steigender Ausbildung wuchs auch Cara mental. Er ist viel stolzer den anderen Hengsten gegenüber, als er es früher war. Da war er praktisch der „Underdog". Jetzt ist er jemand durch seine eigene Vorstellungskraft und Entwicklung. Die Fähigkeit zur besseren Bewegung führt auch zu einer höheren Schätzung des Ichs – das Pferd wird selbstbewusster. Es ist für Pferde ungemein wichtig, dass sie sich korrekt bewegen können: Bewegung ist ihre Mitteilung nach außen, ihre Visitenkarte. Ich bin sehr froh, dass wir diese Mühen auf uns genommen haben, wenn ich sehe, wie stolz und selbstbewusst sich Cara nun präsentiert.

FEINE HILFEN:
Hast du dich damals nach einem Ausbildungsplan gerichtet?

Bent Branderup: Der Schulschritt war zwar der Schlüssel zu Caras Ausbildung, allerdings hat der Faktor Zeit keine Rolle gespielt. Cara ist für mich Familienmitglied, und es war völlig belanglos, wie lange es dauert, denn in erster Linie ging es darum, eine gute Zeit miteinander zu haben. Wenn man allerdings Sehnen, Bänder und Muskulatur stärkt und arbeitet, dann muss man sich klarmachen, dass man selbst als Profi nichts schnell ändern kann, was die Natur vorgibt. Da nützt es nichts, einen Zeitplan zu setzen, denn lediglich muskuläre Veränderungen kann man ungefähr kalkulieren. Aber ich bin ein unerschütterlicher Optimist.

FEINE HILFEN: Und wie ging der Optimist Bent Branderup bei der Ausbildung konkret vor?

Bent Branderup: Zuerst haben wir die Bodenarbeit vertieft, in der das Pferd die Sekundärhilfen erlernt, dann Longenarbeit ohne und später mit Reiter, wobei das Pferd die Hilfen nun genau kennenlernt. In der Handarbeit fanden wir den Schlüssel, da ich mit der einhändig führenden Hand über dem Widerrist genaue Mitteilungen geben und, noch viel wichtiger, von Cara empfangen konnte. Die zweite Hand bleibt bei dieser Variante frei, somit konnte ich mit der Gerte das Pferd auffordern, sich im Knie- und Sprunggelenkbereich mehr zu heben. Bei dieser Hilfe muss man allerdings sehr wohl respektieren, dass ich nicht einfach einen Hinterfuß in die Höhe touchieren kann, denn dann geht die gleichseitige Hüfte ebenso nach oben rauf, was kontraproduktiv wäre. Man begnügt sich also täglich mit ein bisschen mehr Beugung, es sind sehr kleine Schritte. Mir ging es nicht um eine Zirkuslektion, sondern um den mentalen und körperlichen Aufbau meines Pferdes.

Sehnen und Bänder zu stärken ist ein sehr langsamer, vorsichtiger Prozess. Wenn der Brustkorb in den Schulterblättern festhängt, dann gibt es eben nur eine Sache, die zur Leichtigkeit führt: die Arbeit mit der Hinterhand. Handarbeit von außen geführt ist Pilarenarbeit im Vorwärts. Hier haben mir also die alten Meister geholfen, denn durch den Schulschritt wurde die Schulparade plötzlich besser und irgendwann konnte die Parade zur Leichtigkeit in der Schulter führen. Der Pferdekopf kann nichts erzeugen, das Pferd kann nicht auf der Zunge hüpfen, die gesamte Wirbelkette muss aus der Hinterhand zu einer idealen Tätigkeit gebracht werden, die sich dann auf Hals und Kopf überträgt. Wenn man bei einem Pferd, das im Hals sehr fest ist, gezwungen ist, nichts in der Hand zu machen, zeigen sich zwar Fehler. Falsche Positionierungen sind aber nur Symptome. Den Kopf deswegen in eine Richtung zu zwingen, macht die Sache ja nicht richtig.

FEINE HILFEN: Gab es bei Cara auch mental Probleme im Zuge der Ausbildung?
Bent Branderup: Ja, mental hatten wir das Problem, dass das Herantasten an Grenzen Stress bereitet. Man muss aus dem grünen Bereich vorsichtig in den gelben Bereich kommen und versuchen, diesen allmählich ebenso grün zu malen. Ich gehe niemals in den roten Bereich. Vor allem nicht mit Pferden, die den Stress nicht anzeigen. Diese neigen dann später zu Kotwasser oder Koliken. Cara hingegen bekam ein unruhiges Maul, wenn ich zu nah an der Grenze gearbeitet habe. Sein unmittelbares Feedback war hier sehr hilfreich, um die Dosis der Arbeit regelmäßig an seine mentalen Grenzen anzupassen. Bei Cara haben wir daher viele Pausen im Stehen gemacht. Ich habe einen Sportausbilder gekannt, der die Ansicht vertreten hat, nach maximal sieben optimalen Dehnungen gäbe es keine Steigerung mehr für den Körper. Ich kann mit Cara mittlerweile in sehr kurzer Zeit ein gutes Ergebnis erreichen – dann ist die Arbeit auch früh beendet und er kann sofort auf die Koppel. Ein Ritual, das auch die Freude an der Arbeit steigert.

FEINE HILFEN: Du sagtest, die alten Meister haben dich zur „bewegten Pilarenarbeit" inspiriert. Auch deine Lehrmeister Nuno Oliveira und Egon von Neindorff?
Bent Branderup: Ja, die Erfahrung dieser beiden Lehrmeister hat mir besonders gezeigt, dass man verschieden arbeiten kann und dennoch ans Ziel kommt. Besonders wenn man sehr individuell an das Pferd geht. Ein Ausbilder braucht ein ordentliches Handwerk, sonst wird er zu einem Religiösen, der einer bestimmten Religion folgen muss. Der gute Handwerker, der aber seinen vollen Werkzeugkoffer zu nutzen weiß, wird zum Individuum, der seinem Gefühl und der Ausbildung des Pferdes individuell folgen kann.

FEINE HILFEN: Was hältst du von „Problempferde"-Shows, in denen Pferde im Schnellverfahren ausgebildet werden?
Bent Branderup: Stellen wir uns vor, ein Pferd, das sich nicht verladen lässt, kommt plötzlich zu einer solchen Show. (Wie kam es da eigentlich hin?) 4000 Raubtiere sitzen in einer Halle, grölen und klatschen. Und dann steht da ein Hänger, das Einzige, was das Pferd kennt. Wo, meinst du, will das Pferd dann gerne hingehen? Der Lerneffekt ist dabei äußerst fraglich. Lernen braucht Zeit. Ich habe auch früher als Berufsreiter Pferde in drei Monaten eingeritten. Jahre später traf ich eine Kundin, die über ihr Pferd schwärmte. Ich fragte nach den Fortschritten: Das Pferd hatte in den zehn Jahren nichts Neues gelernt. Wozu macht man dann den ganzen Quatsch? Leben heißt, dass man lernt, dass man sich entwickelt und ihm einen Sinn gibt. Warum darf man diese Zeit nicht genießen und muss alles im Schnellverfahren erledigen?

FEINE HILFEN:
Vielen Dank für das Gespräch!

BENT BRANDERUP

... war langjähriger Schüler der Escuela Andaluza del Arte Ecuestre in Spanien, lernte bei Nuno Oliveira in Portugal und bei Egon von Neindorff in Deutschland. In Alvesloe bei Hamburg erteilte er über viele Jahre Unterricht und gab Seminare in fast allen europäischen Ländern. Heute lebt er in Dänemark und leitet dort die Schule für Akademische Reitkunst.

www.bent-branderup.de
www.bentbranderuptrainer.com

BUCHTIPP:

Bent Branderup
Die Akademische Reitkunst

Cadmos Verlag
ISBN 978-3-8404-1037-6, 39,90 €

ANNA EICHINGER

... ist lizenzierte Branderup-Trainerin. Jeden Mittwoch erscheint ein neuer Artikel in ihrem erfolgreichen Blog www.Einfachreiten.com. Interviews mit Trainerkollegen zum Nachhören gibt es auch in ihrem Podcast.

EIN SCHMUCK FÜR EINE BERUFUNG: **MEINE PFERDEKETTE**

VON PASCALE HERZOG-BERTHIER

Weil ich nicht als Reiterin geboren wurde, aber irgendwann eine werden wollte, habe ich, um dieses Ziel zu erreichen, mit sehr vielen und verschiedenen Pferden zahlreiche „Vorstellungsgespräche" erlebt … und manchmal auch geführt. Dieser Ausdruck ist sicher nicht unberechtigt, denn obwohl ich das erst eine Weile später verstanden habe, ist letztlich jedes Pferd mein „Boss" gewesen. Natürlich, so fantastisch gut und unbestreitbar besser als alle anderen war ich am Anfang meiner Karriere nicht. Ich habe sogar erst ziemlich spät angefangen zu reiten, und bis ich tatsächlich anfing zu nehmen, was man einen ersten Reitunterricht nennen kann, waren die meisten Reiter in meinem Alter (18 Jahre) schon echte Profis. Allerdings war das insofern weniger ihr Verdienst, als dass sie – wie Obelix – meistens schon sehr früh in den Zaubertrank gefallen waren, der ihnen die Möglichkeiten dazu gab.

Was ich im Folgenden erzählen möchte, gilt für viele Arten von Begegnungen im menschlichen Leben. In der Tat, wenn Lebewesen im Allgemeinen – sowohl Menschen als auch Tiere – und Pferde im Besonderen uns auf einen neuen Weg des Lernens und Lehrens führen, beeinflussen sie uns einerseits auf seelischer und andererseits auf technischer Ebene, und manchmal zeitgleich. Alle Erfahrungen, die wir auf diesem Weg sammeln, sind die Markierungspunkte in der Chronologie unseres Daseins.

Ehrlich gesagt hat nur das, was mich bei den Pferden auch seelisch berührt hat, mir das Tor für den Erwerb der Techniken der Pferdeausbildung geöffnet. Recherchen helfen dabei, dass solche Erfahrungen einen pädagogischen Wert gewinnen. Aber Reitkunst ohne die lebendige Erfahrung erstarrt in kalter Formelhaftigkeit.

Am Anfang meiner Pferdeprofikarriere hatte ich das Glück, mit sehr braven Pferden sehr viel erleben zu dürfen:

- weit ausgebildete andalusische Pferde zu reiten,
- mehrmals halb nackt auf einem Leitpferd in einem strömenden Fluss und inmitten zehn weiterer Pferde baden zu gehen,
- zwischendurch einige mehrtägige Wanderritte zu absolvieren,
- und weil man nicht dumm sterben soll: Teilgenommen habe ich auch an einigen „Trainingseinheiten" eines Stunt-Teams der übelsten Sorte (ja, überlebt habe ich, aber ohne Wirkung ist dieses Erlebnis auf mich nicht geblieben …).

Ükilda

Nichtsdestotrotz kamen, als ich schließlich in einem etwas „normaleren" Reitbetrieb angestellt war, unerwartete Schwierigkeiten auf mich zu. Eine davon trug den Namen Ükilda.

Sie war eine nette Vereinsstute, die sich bequem sitzen ließ, aber auch in der Lage war, „unfeine" Schüler (zu denen man mich damals leider rechnen musste) heftig hinunterzubuckeln.

Zum ersten Mal in meiner reiterlichen Laufbahn lernte ich plötzlich das Gefühl der Angst kennen. Nun hatte ich aber meinen Beruf gewählt und meine Berufung in ihm gefunden und konnte mich daher nicht ohne Weiteres vor schwierigeren Situationen drücken. Meinen erfahreneren Stallkollegen war das bewusst und sie beschlossen daher, mir wie folgt zu helfen:

Es war kurz vor dem Jahrwechsel und die Silvesternacht stand bevor. Dafür hatten sich meine Kollegen etwas Besonderes überlegt: Wir wollten die

erste Stunde des neuen Jahres alle zusammen insgeheim in der Reithalle verbringen – und jeder von uns ein Pferd reiten, aber lediglich mit Stallhalfter und Führstrick. Jeder musste sich dafür das Pferd aussuchen, mit dem er oder sie in irgendeiner Weise gerade nicht klarkam. Als die festliche Stunde gekommen war, gingen wir alle in einem etwas angeheiterten Zustand in die Reithalle und suchten uns unsere Pferde aus. Zwischen zwei Lachkrämpfen sprang ich auf Ükilda. Dazu muss ich erwähnen, dass es in Frankreich nicht üblich ist, den Jahreswechsel mit einem Feuerwerk zu begrüßen. Ich war also jung, das ja, aber nicht vollkommen verrückt.
Bei dieser heimlichen Veranstaltung (von der unsere Chefin nichts ahnte), war ich auch so entspannt, dass meine ehemals ach so wilde Stute wunderbar in allen drei Vorwärtsgangarten unter mir ging. Plötzlich hörten wir das Auto unserer Chefin vor der Halle vorfahren. Die Panik, die in mir hochzukriechen begann, überraschte mich, und ein paar Sekunden später flog ich mit einem langen, verzweifelten Schrei durch den Raum: „Üüüükiiiiildaaaa!!!" ... Plumps! Es war so meteoritenartig, dass sich meine ehemaligen Kollegen immer noch daran erinnern.
Allerdings bin ich für diesen Weltraumflug bis heute dankbar, weil ich dadurch verstanden habe, wie enorm unsere Psyche die Reaktion des Pferdes beeinflusst, auf negative wie – konsequenterweise – auch auf positive Art. Darüber hinaus habe ich nie wieder ein Problem gehabt, Ükilda zu reiten. Und ich habe seitdem viele Ükildas getroffen ...!

Merle

Diese „Amsel" (das bedeutet Merle auf Deutsch) war eine ziemlich unrittige Vollblutstute, die mir, 20 Jahre bevor ich das Glück hatte, Jean-Claude Racinet zu begegnen, über den Weg lief.
Mit dem Wissen, das er mir hinterlassen hat, hätte ich Merle wahrscheinlich besser helfen können. Aber vielleicht ist es mir trotzdem gelungen, das Schlimmste für sie zu verhindern.
Vorher hatte sie mich ein paarmal von ihrem sehr empfindlichen Rücken hinuntergeworfen. Mein damaliger Reitlehrer hatte aber das Gefühl, dass ich mich mit Merle bald gut genug verstehen könnte, um mit ihr bei einer Vielseitigkeit zu starten. Ja, er war ein geborener Optimist ...
Dafür musste ich vor allem verstehen lernen, was Geschwindigkeit im Gleichgewicht („le train" auf Französisch) ist. Ohne das ist jeder Vielseitigkeitskurs lebensgefährlich, auch mit einem rittigen Pferd!
Auf der Suche nach einer baldigen Lösung erinnerte ich mich an den guten Rat, den ein Kajaklehrer mir einmal gegeben hatte: „Wenn du dein Kajak trotz starker Strömung kontrollieren

(Abbildung: Jana Noreen Germer.)

möchtest, muss du schneller paddeln, als es die Strömung selbst ist."
Ich hatte das in der Praxis erprobt und es hatte sich als richtig gut erwiesen: Nie mehr war ich wie ein Strohhalm im Wasser herumgewirbelt worden!
Diese Idee übertrug ich auf Merle, zunächst im Gelände. Sobald sie Anstalten machte, von selbst schneller zu werden, trieb ich sie an und suchte dabei eine noch höhere Geschwindigkeit. Das übte ich in allen drei Gangarten. Der Galopp wurde natürlich rasant, aber – wahrscheinlich weil ich das selbst „so" gewollt hatte – meine „Demi-Arrêts" zeigten plötzlich Wirkung: Merle ließ sich leichter und eher bremsen.
So konnte ich diesen neuen Umstand auf dem Reitplatz nutzen, um mehr Akzent auf die Mobilität und weniger auf die Geschwindigkeit zu legen. Damit waren wir für die Vielseitigkeitsprüfung bereit. Bei der Prüfung kostete uns die Dressur die Platzierung, aber Springen und Gelände waren wirklich gut (und schnell!).
Innerlich hatte ich trotzdem eine bunte Schleife gewonnen: die Rahmenbedingungen des Vorwärts und die ewige Gewissheit, dass sie untrennbar mit dem Gleichgewicht verbunden sind.

Médaille d'Or

Was für eine wunderbare junge Stute! Ich war gerade in Saumur („Somür" gesprochen), um an der Ecole Nationale d'Equitation (ENE) meine Ausbildung zur Reitlehrerin zu absolvieren. Wir waren 20 Anwärter in unserem Jahrgang, und jeder von uns war für drei Pferde in vier Disziplinen verantwortlich: Dressur, Springen, Vielseitigkeit und Sitzübung.
Zwei dieser Pferde begleiteten uns täglich bis zu unserer Staatsprüfung: das Dressur- und das Springpferd. Selbstverständlich wurde jedes Pferd auch ab und zu in einer anderen Disziplin von uns geritten. Ich hatte ein sehr braves und gut ausgebildetes Dressurpferd. Seine Grundgangarten waren zwar ziemlich kärglich, aber alles, was man von meinem Reitniveau zu sehen erwartete, konnte ich mit ihm einwandfrei zeigen. Dann kam zu unserer Gruppe eine neue Kollegin hinzu. Sie stammte aus den USA und sprach anfangs nur Englisch. Unsere Lehrmeister vom Cadre Noir entschieden also, ihr das mir anvertraute Dressurpferd zu geben, weil es so weniger „Verständigungsschwierigkeiten" geben würde, während ich selbst ein fünfjähriges, vormals verletztes und nun rekonvaleszentes Springpferd übernehmen musste. Sie war es: Médaille d'Or („Goldmedaille").
Heute kann ich es nicht mehr nachvollziehen, aber zu der Zeit hatte ein junges Springpferd an dieser Schule wenig Ahnung von akademischen Seitengängen (und ich, wenn ich es recht bedenke, eigentlich ebenso wenig). Abrufen konnte ich sie aber, meistens auf Pferden, die schon wussten, was ich mit meinen Hilfen verlangte.
Meine Lehrerin – eine der allerersten Frauen am Cadre Noir – befahl mir, Médaille d'Or allein auf einem neben dem Unterrichtsplatz gelegenen Reitplatz mit viel Biegungsarbeit im Schritt und Trab zu gymnastizieren, was ich ohne Diskussion tat.
Médaille d'Or war sehr fein und hatte große Bewegungen. Ihr Gesicht war sanft und ihr ganzes Wesen war gutmütig. Ich merkte, dass sie der geringsten Berührung des Reiterschenkels wich. Damit ersparte sie mir eine aufwendige körperliche Arbeit, und es wurde mir klar, dass eigentlich jedes Reitpferd mit einem solchen inneren Vorwärtsdrang gehen sollte. Ebenso bemerkte ich, dass diese ungemeine Leichtigkeit am Bein sie veranlasste, ihre Kruppe zur Seite zu bewegen. Dies geschah schon dann, wenn ich im Trab das äußere Bein in Kontakt brachte, während ich ihre Vorhand durch Einwirkung mit dem äußeren Zügel auf dem Hufschlag hielt. In Saumur war die Entspannung im Kieferbereich uns allen wichtig, und in Kombination des einen mit dem anderen gab Médaille d'Or mir öfter unauffällig einige Tritte im Konterschulterherein. Mir war klar, dass solche seitliche Bewegungen die Aktivität der Hinterhand verbessern.
Das brachte mich auf die Idee, einen Handwechsel auf der Diagonalen wie folgt zu verlangen:
– Vorher die Kruppe mobilisieren durch den Einsatz eines Schenkels: einmal nach rechts, dann wieder nach links, wieder nach rechts und so weiter.
– Daraufhin an einer kurzen Seite des Vierecks geradeaus gehen lassen und dabei die Nachgiebigkeit des Maulbereichs prüfen.
Und sobald wir dann auf der Diagonalen waren, presste ich weich meine beiden Waden an die Flanken von Médaille d'Or, so wie man einen guten Freund umarmen würde: sanft und herzlich zugleich. Es war eigentlich, als ob ich zwei gegenseitige Schenkelweichen zur selben Zeit verlangte.
Da flog plötzlich die Stute mit mir in einer außergewöhnlichen Trabverstärkung. Wir waren wie der Profi-Surfer auf der Welle seines Lebens!
Nach ein paar Arbeitseinheiten mit Médaille d'Or, bei denen es sich mir bestätigte, dass diese Art zu gehen keine Ausnahme gewesen war, bat ich meine Lehrerin, ihr die Stute kurz einmal vorstellen zu dürfen. Als sie uns

zusah, weiteten sich ihre Augen und ich erhielt von ihr das einzige Lob, das ich von ihr jemals bekommen habe. Wenn wir uns danach auf dem Reitschulgelände begegneten, war sie sogar in der Lage, mir freundlich zuzulächeln.

Minuit

Frisch diplomiert, durfte ich Pensionspferde für meinen neuen Arbeitgeber in Beritt nehmen. Eins davon war die Glanzrappstute Minuit (zu Deutsch „Mitternacht"), ein Selle Français.
Ihr mutiger, aber auch wenig erfahrener Besitzer hatte mit ihr das Problem, das man mit einem sehr lebhaften und netten Kind, das aber viel mehr weiß als man selbst, haben kann: nicht zu erkennen, dass die Quelle des Problems in einem selbst liegt und damit überfordert zu sein. Und Minuit, oft frustriert davon, nicht zeigen zu dürfen, was in ihr steckte, duldete die Planlosigkeit ihres Herrchens immer weniger. Ich war zwar besessen von der Idee, dass ein Pferd sich mit uns nie langweilen sollte, aber ich war weder die Besitzerin dieses Pferdes noch „nur" eine Reiterin. Ich war Reitlehrerin (was in Frankreich ein Staatsdiplom ist). Insofern hatte ich eine gewisse Verantwortung dafür, was das von mir gerittene Pferd an andere Reiter, vor allem an seinen Besitzer, weitergeben würde.
Ich beschloss ihr beizubringen, die Zeit zwischen einer Reiterhilfe und ihrer positiven Antwort darauf auf das Minimum zu reduzieren. Das Ziel war also zum Beispiel: Wenn ich die Hilfen zum Angaloppieren einsetzte, sollte die verlangte Gangart unverzüglich gegeben werden.
Nach ein paar Einheiten folgte Minuit zeitnah all meinen reiterlichen Anweisungen. Damit beruhigte sie sich auch. Ich bat daher ihren Besitzer – der zwischendurch kam, um sie weiter zu reiten –, sich immer klar zu überlegen, was er von Minuit will, bevor er es verlangte. Und dann seine Hilfen ruhig, aber ohne Verzögerung zu geben. Seine Reitproben verliefen ziemlich gut und ich hatte sogar das Gefühl, dass Minuit ihm das, was sie bei mir gelernt hatte, beibrachte, denn der junge Mann hatte mittlerweile vom Ganzen einen Plan.
Ich hatte noch drei Arbeitseinheiten mit Minuit zu absolvieren, bevor der Beritt beendet war. Bei der ersten davon musste ich die Reithalle mit einer Prüfungskommission der französischen FN und ihren Prüflingen teilen. Raum war dafür genügend vorhanden, aber ich blieb trotzdem im ersten Viertel der Bahn. Schritt und Trab in alle Richtungen waren in dieser Situation problemlos möglich. Als es aber so weit war, dass ich galoppieren sollte, musste ich mich zuerst „sortieren", um entscheiden zu können, wo und auf welcher Hand ich angaloppieren konnte, ohne dabei einen Prüfling aus Versehen „wegzufegen". Also sagte ich mir: „Da könnte ich rechts angaloppieren ..." Ich hatte diesen Gedanken noch nicht einmal zu Ende gedacht, als Minuit bereits sanft und leise rechts angaloppierte. Total verblüfft, nahm ich dies als Geschenk und galoppierte weiter. Dann ging ich zum Schritt über. Amüsiert und ohne die Hand zu wechseln, „dachte" ich mir einen Linksgalopp aus. Bingo! Es funktionierte! Minuit blieb – auf diese feine Art – bis zum Ende des Beritts „ansprechbar". Ich leitete diese neue Erfahrung an ihren Besitzer weiter und bat ihn, diese Fähigkeiten seiner Stute so anzunehmen. Das tat er, in der Halle wie auch im Gelände. In der Folge sind die beiden ein fantastisches Reiter-Pferd-Paar geworden.
Und seitdem habe ich verstanden, wie leise Flüstern tatsächlich ist.

Und alle anderen

Selbstverständlich haben die Pferde, die in meinem Buch zu sehen sind (siehe Anhang),und heute auch alle Pferde meiner Schüler mir viel Input gegeben. Wenn man mich gefragt hätte: „Welches Pferd hat Sie nicht weitergebracht?", wäre dieser Artikel auf einen Satz reduziert worden:

„Liebe Leser, ich wünsche Ihnen allen einen guten Tag."

Ihre Pascale Herzog-Berthier

PASCALE HERZOG, GEB. BERTHIER

... absolvierte ihre Ausbildung zur Reitlehrerin in der Nationalschule École Nationale d'Équitation in Saumur. Die Fachbuchautorin lebt mit Mann und Tochter in der Oberlausitz. Sie unterrichtet in Deutschland seit rund 20 Jahren gemäß der französischen Reittradition und hat sich ihr voll und ganz verschrieben. 2003 begegnete sie Jean-Claude Racinet (1929–2009), der ihren reiterlichen Weg stark beeinflusste.

Kontakt:
pa.berthier@freenet.de
Tel.: 0172 2714467

BUCHTIPP:

Pascale Berthier
Genussvoll Reiten mit der Légèreté

Cadmos Verlag
ISBN: 978-3-8404-1057-4, 19,95 €

(Foto: Christiane Slawik)

KEIN PFERD IST WIE DAS ANDERE

Desmond O'Brien, Sattlermeister und Dressurausbilder, liebt Pferde. Im Interview mit FEINE HILFEN-Autorin Agnes Trosse erzählt er von seinem außergewöhnlichen Werdegang und macht klar: Jede Pferdebegegnung seines Lebens hat ihn geprägt und seine Arbeit mit den nachfolgenden Pferden beeinflusst. Eine Liebeserklärung.

INTERVIEW MIT DESMOND O'BRIEN

FEINE HILFEN: Gibt es ein Pferd, das Sie ganz besonders beeinflusst hat und Ihre Arbeit bis heute prägt?
Desmond O'Brien: Ich unterrichte seit ungefähr 40 Jahren und eigentlich ist kein Pferd wie das andere. Von jedem der etwa 3000 Pferde, mit denen ich bis zum heutigen Tag gearbeitet habe, habe ich immer irgendetwas gelernt. Es gibt Pferde, die einem ein tolles Gefühl von einer Piaffe vermitteln, dann wieder welche, die die Passage besonders gut umsetzen. Wieder ein anderes kann einem ganz besonders gut helfen, Einerwechsel zu erspüren oder die Levade oder Pirouetten. Da gibt es so viel zu entdecken. Und dann gibt es wieder Pferde, mit denen man monatelang arbeitet und die sich nach und nach positiv verändern. Auch das ist toll. Man lernt von jedem Pferd irgendetwas, und je mehr Pferde man als Lehrmeister hat, desto besser ist es.

Desmond O'Brien hat bisher mit rund 3000 Pferden gearbeitet – und lernt noch immer dazu. (Foto: Neddens Tierfotografie)

FEINE HILFEN: Wie kamen Sie überhaupt mit Pferden in Kontakt?
Desmond O'Brien: Es hat sich bei mir im Alter von zwölf Jahren so ergeben, dass ich mit Pferden zu tun hatte. In dem Dorf, in dem ich aufgewachsen bin, gab es eine kleine Reitschule. Als diese umgebaut wurde, kamen die Pferde vorübergehend auf den Bauernhof meiner Großeltern. Nach der Fertigstellung des neuen Stalls übersiedelten mein Bruder Kevin und ich praktisch mit.
Da ich mich mehr für Pferde als für die Schule interessierte, stellte sich die Frage, ob ich nicht beruflich mit Pferden zu tun haben wollte. Was gibt es in Österreich Besseres als die Spanische Hofreitschule zu Wien? Mit 16 wurde ich als Eleve an der „Spanischen" aufgenommen. Ich habe mir nie überlegt, ob ich etwas anderes machen möchte.

FEINE HILFEN: Gab es Momente, in denen Sie sich gefragt haben, ob Ihre Art, mit Pferden zu arbeiten, so wirklich richtig ist? Ob man etwas anders machen muss? Momente, in denen Sie sich vielleicht mal nicht so „sicher" gefühlt haben? Momente des Zweifelns?
Desmond O'Brien: Man ist sich nie hundertprozentig sicher. Ich habe bei der Ausbildung meiner Berittpferde das Wissen und Können angewandt, das mir an der Spanischen vermittelt wurde. Einerseits das mündlich weitergegebene Wissen, seit Generationen vererbt, in Verbindung mit einem bis in die höchste Klasse ausgebildeten Schulhengst, andererseits das theoretische Wissen, das man sich durch Lesen aneignen muss. Aus dieser Kombination ergibt sich die Erfahrung.
Reiten ist auf der einen Seite Handwerk – erst wenn man das Handwerk

sehr gut beherrscht, kann „Kunst" daraus entstehen. Auf der anderen Seite muss man seinem Gefühl vertrauen. Diese Kombination macht einen guten Bereiter bzw. Dolmetscher (= Reitlehrer) aus.
Je mehr man sich mit dem Reiten beschäftigt, je mehr man lernt, desto mehr stellt man fest, wie wenig man eigentlich kann. Ich glaube nicht, dass ein Leben ausreicht, um „Reiten" zu erlernen. Nachdem es aber sonst auch niemand schafft, sind die Chancen wieder für alle gleich. Man schaut, wie weit man kommt. Vielleicht kommt man ja im nächsten Leben wieder als Reiter zur Welt. Dann hätte man (vielleicht) einen kleinen Vorsprung und käme weiter.

FEINE HILFEN: Mit einer Ausbildung an der Spanischen Hofreitschule hatten Sie natürlich eine Ausbildung, die sehr „pro Pferd" ausgerichtet ist. Wie war es denn dort so? Als Eleve arbeitet man ja auch erst mit einem älteren Schulpferd und betreut später jüngere Pferde, die einen für längere Zeit begleiten. Gab es da besondere Aha-Erlebnisse?
Desmond O'Brien: Sehr viele! Bevor ich an die Spanische Hofreitschule gekommen bin, habe ich nie ein Pferd piaffiert oder passagiert. An der „Spanischen" ist es ja so, dass man zunächst longiert wird. Ich war insgesamt eineinhalb Jahre an der Longe und bekam zusätzlich Unterricht auf Schulhengsten. Nach viereinhalb Jahren etwa war ich schließlich so weit, dass ich einen Schulhengst in der Schulquadrille vorstellen konnte. Das macht man dann eine Saison lang. Wenn der Eleve in der Lage ist, die Schulquadrille fehlerfrei mitzureiten, wird er zum Bereiteranwärter befördert. Die Quadrille dauert 21 Minuten und umfasst 72 verschiedene Figuren. Man ist einer von acht und darf nicht „aus der Reihe tanzen". Ein Oberbereiter sieht sich die Quadrille jedes Mal an, danach gibt es eine Besprechung. Die Oberbereiter und Bereiter entscheiden dann, ob man in der Lage ist, diesen Schulhengst fehlerfrei nachzureiten, und ob man sich die Beförderung zum Bereiteranwärter verdient hat.
Der Schulhengst, der mich zum Bereiteranwärter gemacht hat, hieß Favory Dubowina II, ein „Alle-Gänge"-Pferd. (Alle Gänge und Touren der Hohen Schule, das entspricht der Ausbildung bis zum Grand-Prix-Niveau.) Ich war fünf Jahre Eleve und sechs Jahre Bereiteranwärter. Als Bereiteranwärter bekommt man seinen eigenen Junghengst, den man dann ausbildet. Wenn man sein erstes Jungpferd bis zur Klasse S ausgebildet hat und es in der Schulquadrille einsetzen kann, wird man Bereiter. Bis es so weit ist (ungefähr zehn Jahre), bekommt man von so ziemlich jedem der Kollegen jeweils für einige Monate Unterricht. Als Eleve hat man Unterricht bei den Bereiteranwärtern, später übernehmen dann die Bereiter.
Danach werden die Eleven und Bereiteranwärter von den Oberbereitern unterrichtet. Man lernt von einem jeden irgendwas. Der eine schaut mehr auf das, der andere legt seinen Schwerpunkt woanders – die Linie an sich bleibt aber immer gleich. Und jeder Bereiter stellt quasi seine eigenen Pferde zur Verfügung, die er natürlich dementsprechend gut kennt.
Mein Junghengst hieß Favory Sava. Er hatte einen etwas weichen Rücken [Anm. der Redaktion: Könnte man auch als sehr geschwungenen, relativ schwachen Rücken bezeichnen]. Dies musste bei der Gymnastizierung berücksichtigt werden. Zusätzlich zur Handarbeit und zum Reiten massierte ich ihn jeden Nachmittag und stellte ihn unter das Solarium. Durch diesen intensiven Umgang ergab sich nicht nur eine gute Kameradschaft, sondern auch eine Freundschaft.
Ich hatte das Glück, diesen Hengst einige Jahre später privat kaufen zu können, und durfte ihn so bis zu seinem Tod begleiten. Er hat immer wieder nachgefragt, wie denn das mit der Rangordnung so sei – und hat diverse Reitschüler immer wieder „auf die Schippe genommen".
Da es an der Spanischen aber viele Pferde gibt und ich bestimmt hundert Pferde in der Zeit geritten bin, finde ich es sehr schwer zu sagen, dass eins davon mich besonders geprägt hat. Das ist heute beim Unterrichten für mich immer noch so: Es sind Pferde dabei, die ein bisschen heikel sind. Es gibt welche, die überdreht wurden und die man nicht ganz „normal" arbeiten kann; da braucht man so ein bisschen Bauchgefühl. Aber das sagt einem das Pferd. Man braucht nur zuhören. Wenn man das tut, lernt man von jedem Pferd etwas, was dann auch wieder einem anderen Pferd hilft. Somit ist man von vielen Pferden geprägt.

FEINE HILFEN: Gab es vielleicht ein Pferd, das Ihnen als besonders schwieriger Fall im Gedächtnis geblieben ist? Ein Pferd, bei dem Sie vielleicht besonders lange nachdenken mussten, wie die Arbeit mit diesem Pferd aussehen sollte?
Desmond O'Brien: Es gibt immer wieder Pferde, über die man länger

nachdenken muss. Generell geht es mir immer so am Abend vor dem Einschlafen, wenn ich weiß, dass ich am nächsten Tag ein schwieriges Berittpferd habe. Ich überlege mir: „Was kann man mit ihm machen? Warum macht er das?" Man versucht herauszufinden, was das Pferd früher erlebt hat – was oft gar nicht so einfach ist. Man holt es dort ab, wo es sich gerade befindet, und baut darauf auf. Es ist ja nicht so, dass man sich einfach draufsetzt, sondern man versucht immer herauszufinden, warum ein Pferd ist, wie es ist. Nachdenken sollte man im Vorfeld also immer viel.

(Foto: Neddens Tierfotografie)

FEINE HILFEN: Häufig liegen die Ursachen auch in körperlichen Schwächen oder sogar Krankheiten, die man nicht direkt erkennen kann.

Desmond O'Brien: Das ist richtig Und manche Pferde waren auch schon irgendwo im Beritt. Häufig passiert es schon beim Anreiten in den ersten hundert Tagen, dass die Pferde überdreht werden, und das ist im Prinzip so, als ob jemand vergewaltigt wird – diese Pferde haben zu Menschen nicht mehr das Vertrauen und müssen den richtigen Partner finden, damit dieses Vertrauen wieder irgendwie einigermaßen hergestellt wird. Als Reitlehrer und Bereiter muss man sehen, wie das Pferd sich bewegt, wie es sich anfühlt, eventuell mit einem Tierarzt reden, mit einem Physiotherapeuten, einem Ostheopaten – jeder stellt irgendetwas anderes fest. Und manchmal ist es so – und diese Erfahrung habe ich schon oft gemacht –, dass der Rat eines Tierkommunikators hilfreich ist. Dieser muss aber wirklich gut sein. Die Scharlatane sind in der Überzahl, von den guten gibt es nur ganz wenige. So ein Tierkommunikator kann einem Hinweise liefern, was mit dem Pferd nicht stimmt. Der Bereiter, der das Pferd angeritten und Fehler gemacht hat, gibt das sowieso nicht zu. Und wenn das Pferd schon mehrmals weiterverkauft wurde, ist es beinahe unmöglich, rauszufinden, was in der Ausbildung schiefgelaufen ist.

Es ist wichtig, einen Draht zum Pferd zu finden. Es gibt viele Möglichkeiten: mit Gefühl reiten, probieren, herausfinden, wie das Pferd reagiert. Die Ursachen sind unbegrenzt: Es gibt Pferde, die sind kitzelig, andere haben Schmerzen, wieder andere haben einen richtigen Gurtzwang, weil beim Anreiten der Gurt zu fest angezogen wurde. Weitere Faktoren sind die Passform und die Größe des Sattels, der Sitz des Reiters und die Einwirkung desselben. Es kommt aus Unwissenheit immer wieder zu Missverständnissen zwischen Reiter und Pferd.

Es gibt Pferde, die haben Platzangst. Wenn man zu einem klaustrophobischen Menschen sagt, er soll doch einfach nur in einen Aufzug einsteigen, dann geht er sicher trotzdem nicht hinein. Über solche Ängste und Sorgen des Pferdes muss man sich Gedanken machen. Es geht nicht, dass man sich nur auf das Pferd setzt und draufhaut. Das funktioniert nicht.

Nicht mit jedem Pferd ist entspanntes Arbeiten möglich: „Wenn jemand die Reiterei ernst nimmt und sich um das Wohl der Pferde kümmert, dann denkt er über andere Wege nach", so O'Brien. (Foto: Neddens Tierfotografe)

Wenn jemand die Reiterei ernst nimmt und sich um das Wohl der Pferde kümmert, dann denkt er sowieso über andere Wege nach.
Als ich noch Bereiteranwärter war und Berittpferde hatte, habe ich mir jeden Tag vor dem Einschlafen überlegt, was ich mit den Berittpferden am Tag darauf mache.
Da kann es schon vorkommen, dass man eine Stunde hin und her überlegt. Auch jetzt, bei meinen Kursen, ist es so, dass ich viele Reiter-Pferd-Paare über einen langen Zeitraum begleite, manchmal 10 bis 15 Jahre. Ich mache mir Notizen, schreibe mir auf, was wir gemacht haben, worauf Pferd und Reiter gut reagieren, was sich nicht bewährt hat und was die speziellen Eigenheiten der beiden sind. Das hilft mir beim nächsten Mal, mich schneller auf sie einzustellen.
Kommt ein neuer Teilnehmer dazu, stellt man Fragen, schaut ihnen zu, versucht herauszufinden, wo Defizite vorhanden sind und welche Ursachen sie haben. Zurzeit habe ich über 500 Dateien, die ich aufs Handy heruntergeladen habe. So bin ich in der Lage, immer wieder Informationen zu einem bestimmten Paar abzurufen.

FEINE HILFEN: Um noch einmal auf das zurückzukommen, was Sie gerade erwähnten bezüglich der Tierkommunikation. Können Sie Beispiele beschreiben, wann sie Ihnen geholfen hat?
Desmond O'Brien: Ja, schon sehr oft. Eins unserer Pferde zum Beispiel. Dieses Pferd ließ sich von Frauen anfassen, aber immer, wenn ich hingegangen bin, wurde es nervös. Der Wallach hat sich verspannt und angedeutet zu schlagen. Ich war ganz vorsichtig mit ihm, aber er blieb heikel und auf der Hut. Wir haben eine Tierkommunikatorin mit ihm sprechen lassen. Die Tierkommunikatorin sagte uns, dass das Pferd von drei Männern gleichzeitig mit der Gerte geschlagen wurde. Seitdem ich das weiß, gehe ich anders auf das Pferd zu; ich nehme auf dieses spezielle Erlebnis Rücksicht. Das fühlt dieses Pferd – unsere Beziehung hat sich von einem Tag zum anderen deutlich verbessert. Im Nachhinein haben wir durch Zufall dann auch noch jemanden kennengelernt, der das Pferd von früher kannte, aus der Zeit seiner Ausbildung. Er meinte: „Oh schau, den kenn ich. Der war so ein armes Schwein. Den haben die gehauen." Also hat diese Geschichte gestimmt. Es gibt leider sehr viele derartige Geschichten über sehr viele Pferde.

FEINE HILFEN: Wenn es kein traumatisches Erlebnis ist, das zu Widerständen führt, reagiert das Pferd mit seiner Widersetzlichkeit häufig auf Schmerzen, Unwohlsein – kurz, auf körperliche Beschwerden. Welche Erfahrungen haben Sie da?
Desmond O'Brien: Wir haben eine Stute hier bei uns. Sie war als Schläger bekannt und wurde von der Vorbesitzerin in Profiberitt zum Anreiten geschickt. Es war den Bereitern nicht

mal möglich, den Sattelgurt anzulegen, so empfindlich war dieses Pferd. Es begann sofort zu schlagen, zu steigen, sich zu wehren. Nach einer Woche musste das Pferd wieder abgeholt werden, ohne einen Sattel getragen zu haben. In dieser kurzen Zeit hat es viele negative Erfahrungen gemacht. Da die Stute sich jedoch immer wieder erfolgreich widersetzt hat, wurde sie sehr selbstbewusst. Danach ist sie zu uns gekommen. Wir haben uns sehr viel Zeit genommen und haben das Pferd auch untersuchen lassen. Es stellte sich heraus, dass die Stute eine Zyste am rechten Eierstock hat. Deswegen fällt ihr zum Beispiel auch der Rechtsgalopp schwer. Wenn sie das Hinterbein im Rechtsgalopp vorbringt, schmerzt die Zyste, sodass sie sich wehrt. Dann will sie entweder gar nicht galoppieren oder springt um. Nachdem ihr nun bei Bedarf mit Medikamenten geholfen werden kann, geht es ihr deutlich besser. Sie ist sehr motiviert und leistungsbereit.
Karin Kattwinkel hat uns in dieser Beziehung mit ihrem Wissen und ihrer Erfahrung bei vielen Pferden geholfen. Frau Kattwinkel betreibt ein Rehazentrum und verfügt über viel Erfahrung mit kranken Pferden Sie sieht das Pferd ganzheitlich und hat sehr viele verschiedene Ansätze. Sie arbeitet mit Tierärzten zusammen und versucht auf jede erdenkliche Weise zu klären, wo das Problem liegt. Unglaublich, welch „kleine" Ursachen oft hinter gravierendem Verhalten stehen.

FEINE HILFEN: Haben Sie denn ein spezielles Herzenspferd?

Desmond O'Brien: Ich hatte das große Glück, schon mehrere Lebenspferde zu haben, und darüber bin ich sehr glücklich. Maestoso Arva etwa. Dieser Lipizzaner ist eine Persönlichkeit und ein Freund. Unsere Geschichte zu erzählen, würde den Rahmen dieses Artikels sprengen.
Und die schon erwähnten Hengste Favory Dubowina II und Favory Sava. Normalerweise hat man so was ja nur einmal, und ich hatte jetzt schon drei von der Sorte. Was will ich also noch mehr? Glücklicher geht gar nicht.
Aber es gibt so viele Pferde, mit denen man einfach ganz toll arbeiten kann. Und in der Arbeit gibt es so tolle Momente. Zum Beispiel das Pferd, von dem gesagt wird: „Pass auf beim Hingehen, das Pferd schlägt und beißt und mag keine Männer." Und dann lerne ich das Pferd kennen, und nach zwei oder drei Einheiten kommt es in die Halle zu mir, legt mir den Kopf auf die Schulter, schnauft und ist total zufrieden.
Oder ein anderes Pferd, von dem mir der Besitzer sagt: „Ich hab das Pferd vorbereitet für den Kurs, ein bisschen zu viel gemacht – er mag heute nicht." Das Pferd kommt rein, sieht mich, hört mich, kommt zu mir, hat die Ohren vorn und wirkt überaus motiviert. Im Laufe der Arbeit helfe ich dem Reiter mit Stimmkommando bei Serienwechseln: Das Pferd zeigt Zweierwechsel, der Reiter verpasst den Anschluss, hört auf zu reiten und das Pferd macht einfach weiter. Solche Geschichten gibt es mit vielen Pferden. Ich nehme an, jeder Reitlehrer erlebt das immer wieder.
Da geht mir das Herz auf, und ich überlege, wie toll es ist, keinen „Job" zu haben, sondern den richtigen Beruf gefunden zu haben. Glücklicher kann man ja gar nicht sein. Und auch wenn es einem mal nicht so gut geht, hat der Kontakt mit dem Pferd denselben Effekt wie der ADAC, der kommt und einem die Batterie auflädt. Für mich haben Pferde genau wie Menschen ganz eigene Persönlichkeiten und dementsprechend muss man sie auch behandeln. So war das an der Spanischen Hofreitschule auch.

FEINE HILFEN: Inwieweit wird da in der Spanischen Hofreitschule auf die unterschiedlichen Persönlichkeiten Rücksicht genommen?

Desmond O'Brien: Auch im täglichen Leben. Das merkt man auch bei den Pferdepflegern. Ein Beispiel: Der Braune, Siglavy Flora, damals schon in hohem Alter, hat im Stehen geschlafen. Der Pfleger wollte den Mist aufnehmen (abäppeln). Anstatt ihn zu stören, ist er weiter zur nächsten Box gegangen und später extra noch mal zurückgekommen.
Dieses Verhalten an der „Spanischen" hat mich auf jeden Fall geprägt: Demut und Respekt vor dem Pferd.

FEINE HILFEN:
Vielen Dank für das Gespräch.

DESMOND O'BRIEN

... ist selbstständiger Reitlehrer und Sattlermeister. Mit 16 Jahren wird er an der Spanischen Hofreitschule aufgenommen und arbeitet dort insgesamt 28 Jahre lang. Davon leitet er 17 Jahre lang als Sattlermeister die Sattlerei der Hofreitschule. Desmond O'Brien ist als Trainer ausgesprochen vielseitig: Neben einem Trainerschein für Dressur, verfügt das Ehrenmitglied des VFD und des Landesverbandes für klassisch-barocke Reiterei Ost über die Instruktoren-Qualifikation A für das Reiten im Damensattel und das bronzene Fahrabzeichen. Außerdem ist Desmond O'Brien bis heute auch als Sattler im In- und Ausland tätig.

LINUS:
VOM BULLDOZER ZUM FEINEN PFERD

(Foto: Maresa Mader)

VON KATHARINA MÖLLER

Als ich Linux (Rufname Linus) zum ersten Mal gesehen habe, lachte er mich von einem Facebook-Foto an. Es war seine Verkaufsanzeige, der junge Hengst stand zum Verkauf. Mein Mann und ich interessieren uns für originale Knabstrupper, und da die Szene überschaubar ist, bekommt man eben mit, was so auf dem Markt ist.

Wir brauchten freilich nicht noch ein weiteres Pferd und der knapp vierjährige Linus residierte sowieso nicht in unserer Preisklasse. Ein körfähiger Weißgeborener hat definitiv seinen Wert, denn er vererbt mit einfarbigen Müttern mit Sicherheit Punkte. Der Preis war dem Pferd meines Erachtens angemessen, wenn auch für mich nicht erschwinglich, und da wir selbst sowieso nicht züchten, auch absolut irrelevant. Außerdem suchten wir ja eh kein Pferd.

Als ich Linus zum zweiten Mal sah, waren zur Verkaufsanzeige einige weitere, wunderschöne Koppelfotos hinzugekommen, die Einhorn-Mädchenträume in mir weckten. Der Preis war etwas nach unten korrigiert und „auf Verhandlungsbasis“. Ich machte einige Bekannte auf ihn aufmerksam, aber keiner wollte ein Pferd kaufen, oder keinen Knabstrupper, oder zumindest nicht diesen. Eine Freundin und Kollegin sagte, ich solle endlich hinfahren, das wäre doch eh meiner.

Am Ende des Sommers waren in der Verkaufsanzeige des nun vierjährigen Pferdes ein paar Formulierungen dazugekommen, die darauf schließen ließen, dass es offenbar nicht ganz so lief wie erwartet. Und dass er dringend wegmüsse. Und der Preis war auf ein mittlerweile wirklich interessantes Niveau gesunken. Auf dem Weg von einem Kurs nach Hause fuhren wir in diesem Spätherbst bei seiner Züchterin vorbei. Es war schon Abend, der erste Schnee hatte den Hof vereist, eine Reithalle oder einen beleuchteten Platz gab es nicht. Wir sahen ein weißes Pferd am Anbinder stehen; laufen lassen oder richtig vorführen ging nicht. Die Züchterfamilie war uns sympathisch und erzählte uns einige sehr persönliche Geschichten aus ihrem Leben. Mein Mann war überraschenderweise auf Anhieb verliebt in das Pferd. Auf der Weiterfahrt nach Hause mussten wir uns ganz ernsthaft unterhalten.

Pferd unter Wert

Ich erzähle Ihnen diese Vorgeschichte, weil man daran bereits sehen kann, dass die Ausbildung von Linus nicht einfach werden würde. Ein Pferd, was unter Wert verkauft wird, hat einen Haken. Immer. Mindestens. Oder auch gerne mal zwei. Die Verkäufer waren meines Erachtens ein bisschen naiv, aber sie haben uns auch nicht angelogen – das Pferd musste weg, und zwar dringend. Ausbildungstechnisch hatten sie schon mal ein bisschen angefangen, „was zu machen“, aber mangels Zeit und auch mangels Plan und Ahnung gab es dazu nicht viel zu sagen, zumindest aus meiner Sicht nichts Gutes. So ganz genau wollte und musste ich das auch nicht wissen, denn ich bin schon lange genug im Geschäft, um zwischen den Zeilen lesen und mir meinen Teil denken zu können.

Wir haben das Pferd trotzdem gekauft. Natürlich. Für weniger als die Hälfte des ursprünglichen Preises, ohne die von der Verkäuferin ursprünglich angestrebten züchterischen Nutzungsrechte, ohne weitere Bedingungen.

An dem Tag, als wir ihn abgeholt haben, haben wir ihn uns noch im Trab zeigen lassen. Ich wollte zumindest sehen, dass noch alle vier Füße dran sind. Linus lahmte nicht, ließ sich aber nur linksherum longieren. Andersherum riss er sich in beeindruckender Manier los, rannte durch einen Zaun zu meinem Mann. Danke, das genügte. Ich hatte gesehen, was ich sehen musste.

Man könnte sagen, das wäre eine schlechte Ausgangssituation und ein blöder Kauf. Ich würde auch keinem meiner Kunden und Reitschüler raten, das nachzumachen. Man könnte es aber auch so sehen: Ich habe für einen sprichwörtlichen Appel und ein Ei einen überragenden Knabstrupper gekauft. Ob ich das Pferd jetzt schon bedienen kann oder nicht. Man könnte nämlich auch sagen, dass es gar nicht blöde war, ihn zu nehmen, gerade weil wir kein Pferd brauchten. Ich habe mehr reitbare Pferde in meinem Stall stehen, als ich überhaupt Ehrgeiz habe. Ich muss nicht mehr auf Turnier und habe sämtliche Trainerqualifikationen und Abzeichen seit Jahren vollständig abgelegt. Für gelegentliche Reitvorführungen stehen meine ausgebildeten Pferde zur Verfügung. Es war und ist für mich also tatsächlich von Herzen unerheblich, wann Linus „ans Laufen“ kommt, und ich muss mich über seine Ausbildungsfortschritte weder definieren noch profilieren. Das ist es, was ich in den letzten Jahren vor Linus gelernt habe und was ich mit ihm perfektionieren werde. Wenn ich es zwischendurch vergesse, wie wenig Druck wir eigentlich haben, dann erinnert er mich durch seine unnachahmlichen Aktionen immer wieder gerne daran.

Linus' Einstellung zu Halftern und Anhängerfahren

Eine dieser Aktionen fand bereits beim Transport statt. Linus stieg gelassen in den Anhänger, wir fuhren los und Linus überschlug sich in der ersten Kurve. Ich erspare Ihnen die Details. Da Linus augenscheinlich nicht verletzt war, luden wir ihn kurzerhand wieder ein, was er erneut völlig souverän geschehen ließ, und fuhren weiter. Ich hatte ihn nun eigenhändig mit meinem eigenen Halfter beidseitig angebunden, und wie ich schon über das geschenkte Halfter der Verkäufer und deren Art des Anbindens schwadronierte, polterte es im Anhänger erneut. Wir hatten damals noch keine Kamera im Anhänger und ich war geübt im Pferdetransport und auch noch ziemlich entspannt. Also beide Hände ans Lenkrad und stoisch weiterfahren. Es polterte eine Weile lang ab und an leise, als würde ein Pferd eben vereinzelt mit einem Fuß stampfen. Mein Mann auf dem Beifahrersitz rief bei unserer Versicherung an und machte auf die Schnelle die Haftpflicht für das neue Pferd klar. Kein Problem, sagte die Versicherungsvertreterin, die Versicherung gelte ab sofort, und ja, das sei ein übliches Vorgehen bei spontanen Käufen. Mittlerweile auf der Autobahn angekommen, war es im Anhänger totenstill. Wir hielten auf einem Parkplatz an, um nachzusehen. Linus war noch da. Er stand jedoch verkehrt herum im Hänger, mit dem Kopf nach hinten zur Klappe. Er hatte kein Halfter mehr an, hatte die Lampen ausgetreten, diverse Kratzer an den Beinen und schwitzte leicht, stand aber still. Tja, und wir hatten noch dreihundert Kilometer bis nach Hause zu fahren. Was hätten Sie getan? Weil mir nichts Besseres einfiel, setzte ich mich ins Auto und fuhr weiter. Von da an hörten wir auf jeden Hauch eines Geräuschs und ich hatte richtig Nervenflattern, aber Linus blieb einfach stehen, wie er stand. Das war der Moment, in dem ich zum ersten Mal sagte: „Jetzt bringen wir ihn ohne Unfall heim und dann sehen wir weiter", und damit meinte: „Es ist mir egal, wie das endet, ob er jemals reitbar wird, ich will ihn einfach nur lebend daheim haben."

Linus stieg in aller Ruhe vom Anhänger und hat seitdem die Anlage auch nur kurzzeitig per pedes wieder verlassen.

Wie ich das Problem mit dem Anhängerfahren lösen will? Weiß ich noch nicht. Linus steigt einwandfrei ein und aus. Mit ihm das Fahren zu üben und ihn für das Richtig-herum-Stehenbleiben zu belohnen, halte ich in dem Fall für lebensgefährlich. Mein Mann nimmt es übrigens gelassen, er schaut sich seitdem nach Anhängern um, in denen die Pferde eben rückwärts fahren.

Ein Teil des Problems ist, dass Linus sich das Halfter ausziehen kann. Bis dato dachte ich, das passiere nur mit qualitativ schlechten Halftern und Leuten, die diese nicht richtig verschnallen können. Heute weiß ich: Mit der passenden Kombination aus einem breiten Kopf, kleinen Ohren und genügend Motivation schafft der Knabstrupper das auch mit einem eng anliegenden, passgenau eingestellten Qualitätshalfter. Ich habe, abgesehen vom Transport, nur einmal gesehen, wie er es macht. An dem Tag stand er ein paar Minuten allein am Anbinder im Hof, während ich in die Sattelkammer ging. Beim Zurückkommen streifte er sein Halfter gerade in aller Seelenruhe ab und begann neben dem Putzplatz zu grasen. Seitdem steht Linus eben nicht mehr allein am Anbinder. Ich bringe vor der Arbeit Putz- und Sattelzeug direkt an den Anbindeplatz und mache ihn dort zügig fertig. Wir lösen also das Problem nicht, sondern managen es einfach. Als ich jung war, dachte ich, jegliche Managementmaßnahmen wären nur faule Kompromisse und es könne doch nicht angehen … Heute weiß ich, es gibt die verschiedensten Pferde, Menschen und Möglichkeiten. Solange eine Managementmaßnahme für das individuelle Pferd in seinem Lebensumfeld praktikabel ist, spricht überhaupt nichts dagegen. Falls Linus tatsächlich irgendwann länger angebunden stehen können muss, bastle ich an einer Kombination zwischen Halfter und Halsriemen, wobei Letzterer verhindern soll, dass das Pferd sich das Halfter abstreifen kann. Theoretisch.

Die Integration in unsere Herde verlief übrigens hervorragend. Wir halten unsere eigenen Pferde in einer großen Offenstallanlage und setzen Gruppenhaltung auch für Hengste um. Ob das gut geht, einen vierjährigen Hengst zu einem weiteren Hengst und mehreren Wallachen gemischten Alters zu integrieren, ist vorher schwer abzusehen. Unser Bauchgefühl, dass Linus in die Familie passt, erwies sich jedoch als richtig und er tut der Herde sehr gut.

Losreißen an der Longe verhindern

Das erste große Ausbildungsthema war das Longieren. Ich wusste, dass Linus sich gewohnheitsmäßig losreißt, und ich hatte beim Kauf gesehen, wie er es macht: Er drehte sich nach außen weg und ging einfach. Nicht sehr schnell, aber unauf-

Bis sich Linus so longieren ließ, waren viel Arbeit und ungewöhnliche Wege nötig. (Foto: Maresa Mader)

haltsam, Modell Bulldozer. An der Longe verstand die Wuchtbrumme keinen Spaß, und das wollte ich ändern. Bei Pferden, die weggehen, hat man im Prinzip zwei Möglichkeiten: Das Gehen unmöglich machen (zum Beispiel in einem stabilen Longierzirkel) oder dafür zu sorgen, dass das Pferd bleiben möchte. Auf unserer Anlage haben wir keinen Longierzirkel, und in meinem Konzept „Longieren als Dialog“ setze ich gezielt auf wechselnde Linien und nutze dafür den kompletten Reitplatz. Da mich häufig Fragen erreichen, was man mit Pferden macht, die sich losreißen und bei denen man deswegen gar nicht ohne Weiteres die Basisübung vom „Longieren als Dialog“ machen kann, möchte ich dieses Thema nun ausführlich am Fallbeispiel Linus erörtern. Denn als erfolgreich erweist sich in der Regel eine Kombination aus mehreren Dingen; eine einfache Lösung von heute auf morgen gibt es bei verdorbenen Pferden nicht.

Körperliche Gründe

Zum einen gibt es bei Widersetzlichkeiten in den allermeisten Fällen handfeste körperliche Gründe. Reißt das Pferd sich immer auf der rechten Hand los? Wieso will es nicht rechtsherum laufen? In solchen Fällen lasse ich Pferde immer osteopathisch behandeln. Ich arbeite eng mit einer ganzheitlichen Therapeutin zusammen und habe mittlerweile auch ein tolles Tierärzteteam gefunden, das den Problemen gegebenenfalls auf den Grund geht. Da Linus nach der Aktion im Anhänger sowieso steif lief, bekam er neben der nötigen Regenerationszeit auch mehrere osteopathische Behandlungen. Bis heute steht er sozusagen unter Beobachtung der Therapeutin und wird hin und wieder nachbehandelt. Da im Körper alles mit allem zusammenhängt und das natürlich auch in Wechselwirkung mit der Psyche steht, gibt es in vielen Fällen mehrere kleinere Baustellen. Selbst wenn es nicht „den einen“ Befund gibt, der ein Problemverhalten abschließend erklärt, hilft es ungemein, wenn das Pferd sich insgesamt immer reibungsloser bewegen kann, denn auf dieser Grundlage kann man das Pferd dann ausbilden und trainieren.

Außerdem kam ich vor Kurzem auf die Idee, dass Linus ein Augenproblem haben könnte. Ich warte auf die tierärztliche Abklärung.

Körpersprache und Spielregeln beim Longieren

Probleme mit dem Losreißen entstehen häufig, weil der Longenführer das Pferd versehentlich körpersprachlich von sich wegschickt anstatt um sich herum. Ich nutze dazu das Bild des Scheinwerfers, der aus dem Bauchnabel des Longenführers strahlt und den Weg vor dem Pferd erhellen muss und nicht in den Rumpf des Pferdes strahlt – es sei denn, man wollte das Pferd gerade mehr von sich wegtreiben. Bei Pferden, die dazu tendieren, nach außen wegzurennen, geht es darum, ihnen klarzumachen, dass sie vorwärtsdürfen und -sollen. Dazu hilft es, sich besonders deutlich in die Bewegungsrichtung zu drehen. Eine optische Hilfe und ein Kontrollmittel ist auch die „Zehenrichtung“ des Menschen: Die Verlängerung der Fußspitzen muss ebenfalls deutlich vor das

Pferd zeigen, ihm quasi Raum nach vorn lassen (genau erläutert in meinem Artikel in FEINE HILFEN, Nummer 21). Die Kunst ist, sich passend und schnell genug mitzudrehen, wenn das Pferd aufgrund erhöhter Erregung unplanmäßig flotter wird. Gerade dann passiert es leider leicht, dass das Pferd schneller läuft als der Longenführer sich mitdreht, Letzterer deswegen irgendwann unfreiwillig „ins Pferd strahlt" und es so dazu bringt, nach außen wegzugehen. Was mir in diesem Zusammenhang bei Linus sehr geholfen hat, ist die Vorstellung, dass vor dem echten Pferd noch ein weiteres Pferd auf derselben gewünschten Linie läuft und ich mich so ausrichte, als würde ich das Vorderpferd longieren, dem Linus quasi Rüssel-an-Schwanz hinterherläuft. Außerdem sind die treibenden Hilfen sehr wichtig, denen genau wie beim Reiten gerade bei einem explosiven Pferd eine Schlüsselrolle zukommt. Egal was passiert, die Peitschenspitze zeigt immer in Richtung des Sprunggelenks des Pferdes. Wenn man das Nach-außen- Wegdrehen kommen sieht, muss man sofort und dabei sanft treiben! Der Peitschenschlag sollte leicht von hinten nach vorn geschwungen werden, in etwa so, dass er sich hypothetisch oder sogar ganz praktisch sanft um die Hinterhand des Pferdes „herumwickelt" und man das äußere Hinterbein anvisiert und in seinem Vorwärtsschub unterstützt. Hatte man die Peitsche nicht in der richtigen Position, sondern womöglich irgendwo nach hinten weggehalten, kommt die treibende Hilfe zu spät und zu schwungvoll angeflogen. Das Pferd soll vorwärtsgehen, das heißt in Richtung seines eigenen Kopfes. Solange sich das Pferd mit seiner ganzen Energie in Richtung seines Kopfes bewegt, bewegt es sich um den Longenführer herum und reißt nicht von ihm weg.
Dazu muss man dem Pferd aber diese Vorwärtsreaktion auch erlauben, und das war bei Linus einer der Knackpunkte: Er erwartete offenbar, dass er bei erhöhter Erregung und damit einhergehender Geschwindigkeit durch Rucke am Kopf ausgebremst werden würde. Besonders zur geschlossenen Zirkelseite hatte er richtig Stress, weil er offenbar auch schon vor die Wand gebremst wurde. Solche Manöver lehne ich entschieden ab, denn sie verschlimmern langfristig das Problem! Noch einmal in aller Deutlichkeit: Das Pferd darf vorwärtsgehen, auch wenn das zeitweise dann mal unplanmäßig flott ist. Der Weg nach vorn bleibt bei einem Jung- oder Korrekturpferd immer offen. Denn Energie verschwindet nun mal nicht. Erlaubt man dem Pferd das Vorwärtsgehen nicht, dann muss es unter Stress vom Longenführer wegrennen. Je unangenehmer dieser agiert, desto dringender möchte das Pferd weg.

Passender Kappzaum und nachgebende Hilfen

Am Kappzaum wird gegebenenfalls gegengehalten, weil das Pferd seinen Hals nicht nach außen drehen soll, aber es erfolgen aus genannten Gründen keine Strafreize oder Rucke. Der Kopf des Pferdes soll also auch keinesfalls nach innen gezogen werden, denn bei abgeknicktem Halsansatz driftet das Pferd ebenfalls nach außen weg. Die Kunst ist, den Halsansatz immer stabil und den Hals mittig vor dem Rumpf des Pferdes zu behalten. Dazu muss man auch und gerade in schwierigen Situationen immer wieder zum Nachgeben kommen. Bewegen Sie sich dazu von Ihrer Position her hinter das Pferd (wobei Sie korrekt nach „vorwärts" gedreht bleiben) und nutzen Sie jede Sekunde, um den Zug auf der Longe wieder zu verringern. Lassen Sie das Pferd nie herausfinden, wie viel Sie wiegen. Viele Pferde erhöhen nämlich nach und nach den Zug, bis sie wissen, wo die menschliche Gewichtsgrenze ist. Dann genügt ein kleiner Ruck aus dem Hals heraus, der Mensch fliegt und das Pferd ist weg.
Bei Linus war ein wichtiges Thema der richtige Kappzaum. Ich wusste, dass er relativ lässig nach außen wegzieht und beim Vorbesitzer vorwiegend mit (Knoten-)Halfter longiert wurde. Mit meinem erst genutzten Kappzaum mit einem festen Nasenteil zog er beim ersten Versuch in seiner gewohnten Manier nach außen, tat sich daran weh und hörte für den ersten Moment mit dem Zug auf. Bei der nächsten Gelegenheit zog er wieder – aber wesentlich schneller und mit einer gewissen Panik, die ich vorher so gar nicht gesehen hatte. Der unbequeme harte Kappzaum veranlasste ihn also nicht zu bleiben, sondern umso wild entschlossener wegzurennen – Augen zu und durch den Schmerz hindurch. Erst mit dem wesentlich weicheren und sehr gut gepolsterten Equizaum wurde das besser: Kommt darauf mal versehentlich etwas zu viel Zug, dann löst das bei ihm keinen Schmerz aus, vor dem man flüchten müsste, und wir schaffen es, den Zug durch geschicktes Longieren und Nachgeben unspektakulär wieder zu verringern.

Basisübung – trotz allem

Gerade wenn es anfangs schwer ist, die Basisübung longieren zu können, ist sie besonders wichtig! Bei dieser Übung longiert man nämlich immer eine große Volte und dann mehrere Meter geradeaus auf der ganzen Bahn, bevor man auf die nächste Volte abwendet. Das Pferd muss also immer einen Kreis laufen und darf dann wieder geradeaus gehen. Neben den gymnastischen Vorteilen, die ich in meinem Buch genauer erläutere,

„Linus weckte in mir Einhorn-Mädchenträume", sagt Katharina Möller über ihren Knabstrupper Hengst. (Foto: Maresa Mader)

verringert diese Übung auch das Wegziehen, denn Pferd und Longenführer üben eben immer wieder das Abwenden vom Hufschlag. Das Pferd muss nicht ewig auf der schwierigen gebogenen Linie gehen, sondern darf nach jedem geschafften Kreisbogen wieder geradeaus entspannen. Allerspätestens am Hufschlag angekommen, schafft man es auch immer wieder, versehentlich erhöhte Spannung auf der Longe zu korrigieren.

Hereinkommen auf Signal mit Futterbelohnung

Gymnastisch sinnvolle Übergänge zwischen Gangarten finden bekanntlich immer „auf Linie" statt. Das Pferd soll flüssig und ohne die Spur zu verlassen in die neue Gangart hineinwechseln. Krasses Abbremsen und Zum-Longenführer-Hindrehen sind gymnastisch nicht sinnvoll und kommen deswegen in meinem Longierkonzept nicht vor. Eigentlich. Für Pferde wie Linus macht es aber Sinn, das dennoch zu erlernen. Ich habe ihm ein spezifisches Pfeifsignal beigebracht, auf das hin er zu mir in die Mitte gelaufen kommt und mit Futter belohnt wird. Wird dieses Hereinrufen sauber erlernt, entsprechend unter Signalkontrolle gebracht und von der Hilfengebung her logisch aufgebaut (Linus darf nur hereinkommen, wenn ich die Peitsche hinter den Rücken klappe und rückwärtsgehe, was ich in der Form sonst zu keiner anderen Gelegenheit tue), dann kann man es für den Ernstfall nutzen. Wann immer Linus sich nach außen wegdrehen wollte und ich merkte, dass ich das nicht mehr mit normaler Hilfengebung im Griff behalten konnte, pfiff ich, und er drehte sich entgegen seiner ursprünglichen Idee nicht nach außen, sondern zu mir nach innen und wurde fürstlich belohnt. Auf diese Weise kann man mit genügend Wiederholungen die Tendenz „Nach-außen-Gehen" im Pferd gewissermaßen überschreiben. Immer genau dann, wenn er eigentlich nach außen wollte, stellte er fest, dass Nach-innen-Abwenden auch sehr lohnend ist. Der Preis dafür, dass ich das sehr intensiv so geübt habe, ist, dass Linus nach wie vor in den rückführenden Übergängen nicht zuverlässig auf Linie bleibt, sondern gern nach innen abdrehen würde, und wenn ich ihm das körpersprachlich nicht gestatte, das Tempo weniger gut reduziert. Das Hereinrufen untergräbt eben in einer klitzekleinen Dimension die Logik des Systems.

Management: Longieren üben in kleinen Etappen

Um ein Verhalten zu löschen, muss man dafür sorgen, dass es nicht weiter praktiziert wird. Und das ist eine Frage der Organisation. Solange wir Longieren üben in dem Sinne, dass Linus einfach um mich herumlaufen, sich dabei wohlfühlen und nicht ans Wegrennen denken soll, ist das noch kein gymnastisch relevantes Training. Es gilt, möglichst viele Einheiten zu sammeln, in denen das Problem nicht auftritt. Dabei genügt eine einzige Wiederholung, also in Linus' Fall nur je eine Volte auf jeder Hand, Hereinpfeifen und Schluss. Erst als Linus überhaupt mal für mehrere Minuten konstant um mich herumlaufen und ich zum Treiben kommen konnte, konnte ich an all die gymnastischen und trainingsphysiologisch relevanten Aspekte des Longierens denken und diese nach und nach erarbeiten. Erst dann kann man das Longieren tatsächlich als nennenswerte Bewegung und körperliches Training des Pferdes verbuchen.

Mentale Anwesenheit und steigende Anforderungen

Linus ist erzieherisch tätig, und das sage ich mit vollem Ernst. Immer, wenn ich beim Longieren über ihn oder, noch schlimmer, über das Longieren im Allgemeinen nachdenke und nicht vollständig im Hier und Jetzt bin, bekommen wir Probleme. Auch wenn ich zu viel will, also einen Trainingsfortschritt forciere, beispielsweise den dritten Trab-Galopp-Übergang fordern möchte („Immerhin ist das Pferd mittlerweile schon sechs Jahre alt, und übergewichtig, und das müsste doch jetzt mal …"), dann geht er wieder oder täuscht das zumindest an, sodass ich es bemerke.
Als wir Linus vor dem Fotoshooting für das Buch etwas abspecken wollten und meine Mitarbeiterin Order hatte, ihn in meiner Abwesenheit täglich laufen zu lassen, ist Linus über das Reitplatztor gesprungen. Oder hat es zumindest versucht. Sie können sich das in etwa so vorstellen: Kleiner, sehr barocker Knabstrupper ohne nennenswerte Springausbildung nimmt Anlauf auf ein 1,45 m hohes Tor, über dem auf 1,6 m Höhe noch ein Band gespannt ist. Er hat es natürlich nicht geschafft. Es endete damit, dass er mit dem Bauch über dem Tor hing, bis er nach etwa 20 Minuten von meinem Mann befreit werden konnte, der das Tor unter seinem Bauch aus der Angel montiert hat. Daraufhin spazierte er ohne mit der Wimper zu zucken in seinen Stall zurück. So ist Linus.
Auch dieses Problem habe ich in dem Sinne nicht gelöst. Ich habe daraus gelernt. Linus wurde zunächst nicht mehr frei laufen gelassen, er wurde nicht weiter mit erhöhtem Sportpensum getriezt und er musste nicht am Fotoshooting teilnehmen. Das konnte er aufgrund des riesigen Ödems an seiner Unterseite sowieso nicht. Nachdem einige Wochen

vergangen waren, fing ich wieder mit dem Laufenlassen an. Dabei liegt das Augenmerk auf Kommunikation und Bewegungsdialog zwischen uns beiden und eben nicht auf der „Kilometerleistung“.

Wir müssen nur wollen

Wer mich kennt oder vielleicht auch zwischen den Zeilen lesen kann, der merkt, ich bin Reiter durch und durch. Es wird gearbeitet, besonders an mir selbst, und trainiert, und alle Ausbildung wird langfristig angelegt. Ich bleibe dran, ich beiße mich durch, ich lasse mir was einfallen. Erfolge wollen organisiert werden. Da bin ich gewissermaßen preußisch veranlagt. Linus aber eher nicht. An mir zu arbeiten ist sicher richtig, aber nicht zu verbissen, da spielt er nicht mit. Im Gegenteil: Er lässt gern durchblicken, dass er sowieso nicht müsste. Sobald ich denke, dass wir doch mal langsam müssten, will er nicht mehr. Sobald ich ihm das Wollen ermögliche, läuft er wie am Schnürchen. Er ist extrem sensibel und für viele reiterliche Dinge auch sehr talentiert. Vieles, woran ich arbeiten wollte, schenkt er mir umsonst und zeigt mir, wie leicht es sein kann. So leicht, dass ich es oft kaum fassen kann. Das lässt mich darauf hoffen, dass wir am Ende weit kommen können. Auch wenn die Grundausbildung gefühlt ewig dauert und wir auch nach zwei Jahren immer noch nicht konstant in der Arbeit sind. Ich lerne dabei selbstredend eine ganze Menge. Nicht nur über Pferde insgesamt, sondern wirklich über speziell dieses Pferd, über mich selbst und über das Leben.

KATHARINA MÖLLERS

... Passion ist die klassische Reiterei. Im Ausbildungsstall „An den Hofstätten“ bei Erfurt/Thüringen können sich Freizeitreiter mit ihren Pferden sowie Reitlehrer fortbilden. Außerdem gibt sie deutschlandweit Kurse.

Weitere Informationen und Termine finden Sie auf ihrer Internetseite **www.klassische-reiterei.com** und **www.longieren-als-dialog.de**

BUCHTIPP:

Katharina Möller
Longieren als Dialog

Cadmos Verlag
ISBN 978-3-8404-1076-5
19,95 €

Nach zwei Jahren sind wir nicht konstant in der Arbeit. Dass das kein Drama ist, habe ich von Linus gelernt. (Foto: privat)

Sei Pippi!
Nicht Annika.

Viele Pferde haben aufgrund hoher Beanspruchung Gelenk-, Sehnen- oder Muskelprobleme bzw. Schmerzen in der Bewegung. Die vier EquiMove motion Produkte sind auf verschiedene Teile des Bewegungssystems abgestimmt. Hochwertig und erschwinglich – für dein Pferd!

Damit Bewegung wieder Freude macht!

www.equimove.de

EIN SCHRITT ZURÜCK IST NOCH LANGE KEIN RÜCKSCHRITT

(Illustration: Christine Orterer)

VON NICOLE KÜNZEL

Rückblickend betrachtet lässt sich für mich nicht sagen, welches bis jetzt das eine Pferd war, das mich am meisten geprägt hat. Vielmehr habe ich den Eindruck, dass es mehrere von ihnen gab und gibt. Pferde, die meinem (Reiter-)Leben eine wichtige Nuance hinzugefügt oder gar eine ganz andere Richtung gegeben haben. Einem Farbenspiel gleich ist jedes einzelne von ihnen für mich kostbar. Ich durfte durch sie andere Wege einschlagen, mich neu ausprobieren und wichtige Erfahrungen für meinen Umgang mit Pferden sammeln.

In den letzten Jahren fanden sehr viele Pferde mit Menschenproblemen ihren Weg zu mir. Überwiegend Warmblüter, die aus den unterschiedlichsten Gründen das Vertrauen in den Menschen verloren hatten. Dies mit teilweise verheerenden Folgen, die sie zu einer Gefahr für sich und ihr Umfeld werden ließen.

BALTIMORE

Auch Baltimore, ein sechsjähriger Hannoveraner Fuchs, kam so zu mir. Baltimore war ein bewegungsstarker, nicht allzu großer Fuchs mit großen Augen. Viele Informationen über ihn erhielt ich damals nicht. Ich wusste lediglich, dass er von seinem Besitzer als Fohlen gekauft wurde und sein Leben bis zu seinem sechsten Lebensjahr bei einem Jungpferdeaufzüchter verbrachte. Er war wohl roh und ließ sich nicht berühren, geschweige denn einfangen. Als ich Baltimore kennenlernte, stand er in einem Stall, in den er von seinem Aufzüchter auf Wunsch des Besitzers gebracht worden war. Dort konnten die bestehenden Probleme jedoch auch nicht gelöst werden, denn Baltimore hatte panische Angst vor Menschen und ließ niemanden an sich heran. Nun war guter Rat teuer und seine letzte Chance lag bei mir.

Ich bat um die Unterstützung meiner Kollegin Heidrun Hafen und gemeinsam nahmen wir uns seiner an.

Erste Schritte in eine gemeinsame Richtung

Zunächst einmal war unser Ziel, Baltimore aufhalftern, führen und putzen zu können und ihn schmiede- sowie tierarztfromm zu bekommen. Doch schon allein unsere innere Zielformulierung: „Wir möchten dich aufhalftern“, spürte er genau, und als ein Bewegungstalent sondergleichen, ließ er uns immer nur ein kleines Stück an sich heran, um schneller wieder weg zu sein, als wir schauen konnten. So begann unser „Training mit einer Lernerfahrung für uns: nämlich zunächst einmal keinen Plan zu haben, nicht zu wollen, sondern zu warten. Dabei kam es uns zugute, dass der Wallach ein sehr neugieriges Pferd war: So ganz uninteressant waren wir dann doch nicht, als wir auf seinem Paddock herumstanden oder umhergingen. Wir luden ihn mit unserer Energie und Körperhaltung immer wieder zu uns ein, sodass er sich uns mit seinem Blick und seiner Aufmerksamkeit zunehmend mehr widmete. Es dauerte jedoch noch mehrere Wochen, bis wir Baltimore das erste Mal aufhalftern durften. Wir begannen, ihn auf dem Paddock zu führen, was anfangs mit großer Sorge verbunden war. Ein längerer Strick gab dem Wallach genügend Raum, sich weiterhin frei umzuschauen und sich langsam an unsere Gegenwart zu gewöhnen. Kamen wir ihm dabei für sein Empfinden zu nahe oder berührten ihn mit der Hand, rief dies bei ihm große Ängste hervor. Auf seine rechte Seite ließ er uns lange Zeit gar nicht, links tolerierte er Stück für Stück vorerst die Berührungen bis zur Schulter.

ZEIT, ZEIT, ZEIT …

Alle Schritte, die wir im Folgenden taten, um aus ihm ein vertrauensvolles Reitpferd zu machen, benötigten Zeit, sehr viel Zeit … Mir wurde zunehmend mehr bewusst, wie leicht und harmonisch die Ausbildung eines uns anvertrauten jungen Pferdes doch ist, das vom Fohlenalter an gute Erfahrungen mit den Ausrüstungsgegenständen und dem Menschen an sich sammeln durfte. Wurde dieses Vertrauen in den Menschen grundlegend zerstört wie bei Baltimore, sitzt dieses Trauma oft so tief, dass es unglaublicher Geduld, einer ausgezeichneten Fachkenntnis und viel Zeit bedarf, diese Wunden zu heilen. Es gibt sicherlich Fälle, in denen das manchmal gar nicht möglich ist. Selbst bei einer guten „Therapie“ kann es immer wieder Situationen geben, in denen eine für uns Menschen nicht immer erkennbare Ursache in solchen „Problempferden" eine Reaktionskette auslösen kann und damit alte, scheinbar „gelöste" Verhaltensmuster wieder hervorruft. Das führt unter Umständen zu einem deutlich erhöhten Risiko und einem Gefahrenpotenzial, das man selbst bei ausgezeichneter Haltung und mit viel Liebe oft nicht ganz eindämmen kann.

Bis Baltimore „normale" Alltäglichkeiten wie das Anbinden, gefahrloses Putzen, Hufe-Geben, Decke-Tragen oder das Impfen durch den Tierarzt lernte und duldete, dauerte es einige Monate. Der Schmied konnte ihn gut ein Jahr lang aus Sicherheitsgründen nur sediert ausschneiden. Alles, was ich bisher bei meinen eigenen Pferden als vollkommen selbstverständlich hingenommen hatte, war hier in keinster Weise vorhanden und oft ein Sicherheitsrisiko für alle Beteiligten. Es bedurfte unablässiger Wachsamkeit und benötigte absolut umsichtiges, vorausschauendes Verhalten, damit Baltimore weder sich noch sein Umfeld in Gefahr brachte.

Neue Eindrücke

Im Gegensatz dazu akzeptierte Baltimore nach einiger Gewöhnungszeit neue Begebenheiten und Ausrüstungsgegenstände wie Trense oder Sattel – bei denen wir annahmen, dass er mit diesen noch keine schlechten Erfahrungen gemacht hatte – recht gut. Auch das Gehen über Planen oder Stangen und das Tragen einer Plane bereitete ihm für uns völlig unerwartet keine Sorgen. Engpässe wie ein schmaler Durchgang zwischen Bande und einer innen liegenden Stange brachten ihn zu Beginn dafür umso mehr in Bedrängnis.

Auch das Gewöhnen an die Reithalle war zunächst mit großem Stress verbunden. Ich erinnere mich, dass wir diese einmal betreten wollten, als eine junge Frau ihr Pferd etwas eng im Hals galoppierte, sodass verstärkt Atemgeräusche zu hören waren. An diesem Tag blieb das Betreten der Reithalle unmöglich. Am nächsten Tag hingegen ritt eine andere Reiterin ihr Pferd harmonisch und sehr entspannt und Baltimore zeigte keinerlei Scheu vor der Halle. An diesem Beispiel wird deutlich, wie sensibel Pferde auf die Stimmungen anderer Pferde in ihrer Umgebung reagieren und wie tolerant (oder leider schon abgestumpft) andere Pferde mit diesen Schwingungen umzugehen gelernt haben.

Nachdem das Führen am Halfter von beiden Seiten ebenso gut gelang wie das Anhalten, Angehen, Rückwärtsrichten, Um-uns-herum-Bewegen im Kreis im Schritt und in kurzen Trabreprisen, begannen wir mit der Arbeit am Kappzaum. Jetzt konnten wir den gymnastischen Aspekt der Dehnungshaltung mit hinzunehmen.

Um das Satteln vorzubereiten, gewöhnten wir Baltimore zunächst daran, dass er einen längeren Strick um seinen Bauch herum tolerierte, auch wenn wir diesen leicht zuzogen und wieder öffneten.

Bei der Bewältigung eines Traumas wie bei diesem Pferd sollte man sein eigenes Ego sowie die Idee, dass man den „Fall lösen" will, vollkommen loslassen. In meinen Augen gibt es hier kein Schnellverfahren, denn nur, weil ein Pferd etwas aushält, heißt das noch lange nicht, dass es die Sache auch akzeptiert hat. Kein Problem lässt sich durch eine „Hauruck-Aktion"

(Illustrationen: Christine Orterer)

lösen, denn hierbei bleibt das Pferd eher eine tickende Zeitbombe. Wird einmal der Druck zu groß oder erinnert eine uns unbedeutend scheinende Situation das Pferd an Vergangenes, können absolut unvorhergesehene Reaktionen und alte (gefährliche) Verhaltensmuster auftreten, wenn sie nicht mit Zeit und Geduld vorher nahezu aufgelöst wurden.

Nichtsdestotrotz hilft es wie auch bei uns Menschen nicht, den Problemen und Ängsten auf Dauer aus dem Weg zu gehen. Es bedarf eines sehr guten (Pferde-)Therapeuten, der seinen Patienten umsichtig immer wieder an seine Grenze bringt, das Thema Stück für Stück genauer anschaut, der fordert, ohne zu überfordern. Eine mitunter heikle Gratwanderung! Für Baltimore hieß dies in der Praxis, dass er sich alle Ausrüstungsgegenstände oder den Hänger zum Verladen genau und ausführlich anschauen durfte, sich danach, vorausschauend aufgebaut, mit der Situation auseinandersetzen, sollte und dass eine Flucht keine Lösung war.

Ob Berührungen oder ein Schritt auf die Rampe und wieder zurück, es galt: Wenn Baltimore sich mit einer Situation auseinandersetzte und sie akzeptierte, indem er dies durch ein Stehenbleiben, ein Absenken des Kopf-Hals-Bereichs oder durch ein Ausatmen anzeigte, entfernten wir die Decke oder ließen ihn vom Hänger wegtreten und gönnten ihm eine Pause. Vor allem unsere innere Einstellung spielte eine enorme Rolle – denn Baltimore schien genau zu fühlen, was wir dachten! Erkannten wir, dass eine Situation noch nicht ertragbar für ihn war, dann gingen wir mit unseren Fragen an den Wallach wieder einen Stück zurück.

(Illustration: Christine Orterer)

Dabei begleiteten uns häufig folgende Gedanken: „Oh, die Plane auf deinem Rücken ist noch zu viel, dann verfolge sie doch noch ein bisschen." Stück für Stück konnten wir so Trense, Sattel, hinunterhängende Steigbügel, Gegenstände, die er tragen sollte, das Ein- und Aussteigen in den Hänger oder das Abspritzen mit dem Wasserschlauch in unseren gemeinsamen Tagesablauf integrieren. Zudem unternahmen wir viele Spaziergänge, teilweise durch unwegsames Gelände, um seine Aufmerksamkeit und Geschicklichkeit zu fördern, und nutzten hier immer wieder auch Erhöhungen, wie einen umgekippten Baumstamm, um daraufzusteigen und für ihn einen Perspektivwechsel „Mensch steht erhöht" vorzubereiten.

EIN NEUES ZUHAUSE

Nachdem Baltimore gelernt hatte, kleinere Runden im Hänger zu fahren, durfte er in meinen Stall umziehen. Meine Paddocks liegen direkt um den Reitplatz herum, sodass er täglich ganz entspannt gerittene Pferde beobachten konnte. Er schaute oft zu, während ein Reiter mit seinem Pferd auf dem Reitplatz war, und ich bin mir sicher, dass dies nicht unerheblich zu unserer Vertrauensbildung beitrug.

Wir kletterten nun auf andere Erhöhungen wie beispielsweise zwei eng positionierte Heulageballen, die wir extra dafür auf den Reitplatz gefahren hatten. Dadurch wollten wir Baltimore zunehmend mehr an die „Reiterposition" gewöhnen. Die Enge und die seitlichen Berührungen durch die Ballen lösten bei ihm zunächst wieder Ängste aus. Wir warteten ab und akzeptierten, dass er sich nicht gleich zutraute, durch diesen Engpass hindurchzugehen. Im Folgenden durchquerte er ihn dann nach dem Motto „Augen zu und durch". Schritt für Schritt trainierten wir langsames Hindurchgehen, still

(Illustration: Christine Orterer)

Stehenbleiben zwischen den Ballen, Anhalten nach dem Passieren und rückwärts wieder Hineingehen in den Engpass. Als all dies in Ordnung war, stellten wir uns auf die Ballen, berührten den Pferdekörper mit Händen, Beinen und Füßen – auch an Brust und Flanke – und brachten schon ein wenig Gewicht auf seinen Rücken, wenn er dies zuließ. Zusätzlich übten wir mit ihm, an einer Aufsteighilfe einzuparken, um ihn am Aufsitzprozess zu beteiligen.

Auf dem Weg zum Reitpferd

Während der Arbeit an der Longe, die wir immer mit einem Kappzaum durchführten, gewöhnten wir Baltimore nun in vielen kleinen Einzelschritten an seine neue „Bereiterin" Cindy – eine Gummipuppe. Auch nahmen wir die Arbeit an der Hand hinzu, bei der schon der Rahmen und die immer wieder bewusst stattfindende Berührung mit der Touchiergerte gerade auf der rechten Hand zunächst eine Herausforderung darstellten. Jedoch entspannte er sich auch hierbei innerhalb der nächsten Wochen zunehmend mehr und ließ sich Vorder- und Hinterbeine im Stand über ein leichtes Berühren anheben.
Heidrun nahm Baltimore nun immer öfter als Handpferd mit, damit er sie auch in der Vorwärtsbewegung in der erhöhten Position tolerierte.
Sie übernahm mit viel Gefühl auch das Aufsitzen, ich sicherte die beiden von unten. In der nächsten Zeit standen wir zunächst einmal viel mit Reiter nur herum, aber Schritt für Schritt ging es vorwärts. Trotz allem war es ein langwieriger Prozess, da Baltimore, wie wir aus Erfahrung wussten, extrem schnell in seinen Reaktionen sein konnte. Wir richteten daher unsere ganze Aufmerksamkeit auf kleinste Hinweise und Zwischentöne. Der Höhepunkt unserer Ausbildung waren kurze Trabreprisen, die Heidrun reiten konnte. Danach wechselte der uns inzwischen ans Herz gewachsene ganz besondere Fuchs den Stall – und er lässt sich bis heute weiterhin reiten.

WAS DÜRFEN WIR?

Auch und gerade bei der Arbeit mit sogenannten Problempferden stoße ich immer wieder auf die Frage nach dem, was wir tun dürfen, um ein Pferd zu therapieren. Es gibt sehr viele rüde Methoden, mit denen versucht wird, alte Ängste durch neue zu ersetzen und ein in vielen Fällen scheinbar braves Pferd zu „erhalten". Ob es das Fesseln einzelner oder mehrerer Beine oder das Wegziehen dieser ist, das Ausüben von großem Druck mit Dingen, um das Pferd daran „zu gewöhnen", oder auch der sogenannte Buck Stopper, der von einem bekannten Trainer propagiert und vertrieben und dessen „Wirksamkeit" auch im Internet nachzulesen und anzusehen ist – alle diese vermeintlichen Patentlösungen sollte man überaus differenziert und durchaus sehr kritisch prüfen. Beim Buck Stopper wird beispielsweise ein dünnes Seil im Maul unterhalb der Oberlippe entlanggeführt – eine sehr sensible Zone! Danach verläuft das Seil nach oben über das empfindliche Genick des Pferdes entlang nach hinten zum Sattel und wird dort fixiert. Das Pferd erfährt dadurch jedes Mal Schmerzen, wenn es den Kopf-Hals-Bereich nach unten streckt, um zu bocken. Laut dem Trainer sind durch dieses Ausrüstungsutensil schon viele Pferde vor dem Tod gerettet worden, weil diese „Behandlung“ sie von negativen Verhaltensmustern „geheilt“ hat. Frei verkäuflich kann also jeder ran an diese „Therapie“. Aussagen wie: „Das Pferd wäre sonst beim Schlachter gelandet, es hätte sonst keine Chance gehabt“, oder: „Ich habe so schon viele Pferdeleben gerettet“, lassen meine sofort aufkommende innere Aversion gegen derartige Methoden zunächst einmal kurzfristig verstummen, denn natürlich möchte auch ich nicht, dass ein Pferd stirbt. Aber (!) wieder stellt sich mir die Frage: Dürfen wir alles tun? Dürfen wir dem Pferd mit diesen Zwangsmaßnahmen neues Leid antun, um sein bisheriges Trauma auszuhalten und seinen „Job“ zu erfüllen? Warum dürfen Pferde, die von menschlicher Hand gepeinigt wurden, nur dann weiterleben, wenn sie in unserem Sinne „funktionieren“ – obwohl wir selbst verschuldet haben, dass genau dies nicht mehr geht? Und beheben wir durch Zwangsmaßnahmen wirklich Ursachen? Schaffen wir echtes Vertrauen, wenn wir einem traumatisierten Pferd noch mehr Gewalt zumuten und es unterwerfen? Grundsätzlich denke ich, dass es Grenzen gibt! Grenzen in dem, was wir tun dürfen und tun sollten.

WAS ICH VON BALTIMORE LERNEN DURFTE

Was mich Baltimore unter anderem gelehrt hat, ist Geduld, Geduld, Geduld … das Loslassen von Zeit und das Wertschätzen der vielen, vielen kleinen Schritte. Er lehrte mich den Umgang mit Frustration in Phasen, in denen es nur Rückschritte zu geben schien. Er erzog mich zu mehr Achtsamkeit und vollster Aufmerksamkeit in jeglichen Kleinigkeiten im Umgang und während seiner Ausbildung. Auch lernte ich durch ihn einen viel kreativeren Umgang mit den unterschiedlichsten Herausforderungen und kann diese Erfahrung nun in die Ausbildung anderer Pferde immer wieder sinnvoll integrieren und diese dadurch bereichern.

Abschließend möchte ich sagen, dass ich jedem Ausbilder, der sich – pferdefreundlich mit Zeit und Geduld – solchen Herausforderungen stellt, allergrößten Respekt zolle! Diese Menschen begeben sich immer wieder in Gefahrensituationen und setzen ihre eigene Gesundheit – die mit keinem Geld der Welt zu bezahlen ist – aufs Spiel. Ich selbst habe gelernt, meine eigenen (mentalen) Grenzen zu akzeptieren. Was ich reiterlich noch vor einigen Jahren als Herausforderung angenommen habe, gebe ich heute gern an diejenigen Ausbilder ab, die dabei leichten Herzens und Geistes sind und dies auch in heiklen Situationen bleiben können. Denn das ist eines der wichtigen Voraussetzungen – dass der Mensch, der sich solcher Pferde annimmt, innerlich leicht und unbeschwert bleibt und dem Pferd damit zeigen kann: Es ist alles in Ordnung. Die Pferde sind und bleiben unsere Spiegel.

NICOLE KÜNZEL

… ist als Autorin mehrerer Pferdefachbücher und Kinderbücher bekannt. Von ihr erschienen in den letzten Jahren unter anderem „Eleganz im Damensattel“, „Am Langen Zügel“ sowie „Jeder Gedanke ist eine Kraft“. In Hannover etablierte sie ihr eigenes evipo Ausbildungszentrum, in dem sie die Ausbildung für Pferd und Reiter in klassischer Dressur anbietet. Sie erteilt zudem Vorträge und Seminare im In- und Ausland. In ihrem täglichen Zusammensein mit Mensch und Tier vermittelt sie Freude, Leichtigkeit und Harmonie. Es ist ihr ein Herzensanliegen, die Kommunikation zwischen Mensch und Tier so fein zu gestalten, dass Missverständnisse im Miteinander keinen Raum mehr haben.

www.evipo.de

ALLES AUF **ANFANG**

Manchmal geht es nicht anders. Manchmal muss man den Reset-Knopf drücken: „Stecker raus", alles auf Anfang. Dies ist die Geschichte eines sogenannten „Problempferdes". Ein Paradebeispiel dafür, was dabei herauskommen kann, wenn man ganz einfach Zeit investiert.

VON KATHRIN BRUNNER-SCHWER

Es war im Mai 1997 auf der Reitanlage von Luis Valenças „Centro Equestre da Leziria Grande" in Vila Franca de Xira nördlich von Lissabon. Da stand er. Schwarz, dünn und kaum bemuskelt, ewig lange Beine. Mit einem braunen und einem blauen Auge, ein bisschen wie David Bowie. Er stand mitten auf dem Weg vor dem Eingang der Reithalle; Ilidio Simão, einer der jungen Bereiter von Valença, hatte ihn am Strick. Unter seinen schwarzen Locken schaute mir der junge Hengst unverhohlen ins Gesicht und fixierte meinen Blick. Das war's – Liebe.

Sein Name war „Judas" (sprich „Schudasch"), er war fünf Jahre alt und gerade angeritten. Ich fragte Luis nach diesem Pferd. Er erzählte mir, dass er Judas nach England verkauft hatte und dass die Leute ihn nach zwei Monaten wieder zurückgegeben hatten, weil sie plötzlich festgestellt hatten, dass sie mit ihm nicht züchten konnten: In seinen Papieren steht „Cruzado Portugues". Judas ist zwar ein reiner Lusitano, nur war seine Mutter nicht als Zuchtstute eingetragen – deshalb fungiert er als „Cruzado". Heute frage ich mich: Wenn die Engländer mit ihm hatten züchten wollen, warum haben sie nicht vor dem Transport nach Großbritannien einen Blick in die Papiere mit seiner Abstammung geworfen? Merkwürdig.

Noch am selben Tag schaute ich zu, wie Ilidio in der kleinen Stierkampfarena des Centro Equestre Judas' Cow sense testen sollte: Der legendäre spanische Stierkämpfer, Stierzüchter und Sherry-Unternehmer Álvaro Domecq hatte ein Auge auf Judas geworfen. Ein junger Stier wurde hereingelassen ... und Judas griff unmittelbar an. Ilidio, der ein hervorragender Reiter war, wurde bleich im Gesicht; er konnte den Schwarzen nicht wirklich lenken, weil er noch keine Zügelhilfen kannte.

Am Abend desselben Tages zu Hause im Wohnzimmer der Valenças beobachtete mich Luis unentwegt. „Du bist so still, du bist verliebt", lachte er schließlich. Ich gab es zu und er sagte: „Ich möchte nicht, dass Judas zu Domecq geht. Nimm du ihn." Und er machte mir einen Preis für das Pferd, der einem Geschenk glich.

Der portugiesische Reitmeister machte mich allerdings noch auf etwas aufmerksam: Judas hatte extrem viel Veiga-Blut. Lusitanos aus der Zuchtlinie von Manuel Veiga sind besonders talentierte Stierkampfpferde. Mit ihrem konvexen Profil und dem sehr kompakten Körperbau entsprechen sie dem barocken Pferdetyp. Sie sind mutig und extrem auf den Menschen bezogen. Vor 25 Jahren galten sie als besonders schwierig – zu viel Inzucht hatte der Linie geschadet (das ist mittlerweile nicht mehr der Fall). Auch Judas war stark „ingezüchtet": Seine Großväter mütterlicher- und väterlicherseits sind ein und derselbe Hengst – „Maravilha", eine schwarze Stierkampflegende.

Einen Monat später kam Judas zusammen mit meinem Vollblutaraber Graminho, den ich von Luis' Tochter Luisa gekauft hatte, von Portugal ins Elsass, wo ich meine kleine Lusitanozucht hatte. Judas benahm sich fantastisch, lernte schnell und war im wahrsten Sinn des Wortes darauf erpicht, Freude zu bereiten. Mittlerweile nannte ich ihn „Juju" (sprich „Schuschu").

Alles war gut, bis wir in meine Reitanlage ars lusitana bei Rastatt umzogen. Mit Nuno Oliveiras Enkel Gonçalo an

Juju und sein Eselfreund Doudou. (Foto: Kathrin Brunner-Schwer)

meiner Seite und der väterlichen Hilfe von Luis standen in kürzester Zeit insgesamt zwölf Hengste auf der Anlage, die Gonçalo ausbildete. Juju war einer von ihnen ... und das (davon bin ich rückblickend überzeugt) gefiel ihm nicht – obwohl er wie alle anderen Hengste jeden Tag ausreichend Koppelgang bekam und seine große Box in der Regel nur nachts bewohnte. Innerhalb kurzer Zeit wurde Juju zunehmend schwierig. Es fing damit an, dass er sich plötzlich nicht mehr longieren ließ. Sobald man ihn an der Longe auf die Zirkellinie schickte, legte er sich hin und blieb liegen. Er stand zwar wieder auf, wenn man es ihm sagte. Doch sobald man ihn wieder longieren wollte, lag er wieder. Beim Reiten wurde er zunehmend missmutiger, ließ sich nicht mehr biegen und fing an mit Headshaking. Das Schlimmste war der Galopp: Es wurde lebensgefährlich, ihn zu galoppieren. Er ging regelmäßig durch, in der Halle, im Gelände, auf dem Platz. Mein schöner Juju wurde unreitbar. Überflüssig zu erwähnen, wie viele Tierärzte, Osteopathen und Heilpraktiker ich wegen Juju auf meinem Hof hatte – kein einziger konnte eine physische Ursache bei ihm finden. Zum Schluss sagte mir eine Kapazität auf dem Gebiet des Bewegungsapparats: „Eindeutig Kissing Spines. Vergessen Sie das Pferd."

Einige Monate nach dieser verheerenden Diagnose (Juju verbrachte seine Tage auf der Koppel) nahm sich meine Freundin Regina meinem Pferd an. Meine Verzweiflung war groß – ihre Zuversicht aber größer. Sie ritt Juju zweimal die Woche 20 Minuten nur im Schritt, einfach geradeaus, ohne etwas zu verlangen. Und zwar ein ganzes Jahr lang. Wenn sie keine Zeit hatte, tat ich es. Wir wollten nicht aufgeben und hatten uns abgesprochen, dass wir einen kompletten „Reset" versuchen wollten. Schließlich fingen wir mit der Gymnastizierung an: Schulterherein, Travers etc. – aber immer nur 20 Minuten. In kürzester Zeit setzte er wieder Muskulatur an, von Headshaking und Kissing Spine war keine Rede mehr. Erst nach einem weiteren halben Jahr begannen wir mit der Galopparbeit ... und es gab nicht das geringste Problem mehr. Im Gegenteil: Zusammen mit Sue Oliveira begann ich, Juju sogar das Terre-à-Terre (Galopp auf der Stelle) beizubringen. Übungen aus der Working Equitation, einhändig mit der Stange, machten ihm besonderen Spaß. Und er wurde mein bestes Schulpferd.

Heute ist Juju 26 Jahre alt und lebt bei mir in Offenstallhaltung. Er spielt „Stierkampf" mit meinen Hunden, betreut seinen kleinen Esel Doudou und galoppiert mit mir auf meinem 12 mal 25 Meter großen Reitplatz, der für ihn ruhig noch kleiner sein könnte. Denn er hat alle Zeit der Welt.

KATHRIN BRUNNER-SCHWER

... lebt mit drei Pferden und einem kleinen Esel in der Nähe von Karlsruhe. Sie arbeitet als freie Journalistin fürs Fernsehen und für einige Printmedien. 2015 startete sie ein ganz persönliches Pferdeprojekt: das Einreiten ihrer selbst gezogenen Luso-Arab-Stute rein nach Oliveira und absichtlich ohne Hilfestellung von außen.

Tierversicherungen seit 1974
persönlich - preiswert - zuverlässig

Pferdehaftpflicht ab € 31,96

Pferde OP mit 100% Erstattung

Gute Leistungen zu fairen Preisen!

G&P Versicherungsmakler

G&P Tel.: 030 / 34 34 61 61
www.GuP-Makler.de

VON LEGENDEN ...

UND VÖLLIG NORMALEN „PROBLEM"-PFERDEN

Der stolze schwarze Hengst, der ganz selbstverständlich alles für den Menschen tut, den er liebt... ist eine Legende. (Foto: Christiane Slawik)

Als ich mit acht Jahren mit dem Reiten begann, hatte ich gerade den Film „Der Schwarze Hengst" gesehen: eine berührende Geschichte über die Freundschaft eines wunderschönen Vollblutarabers und eines kleinen Jungen. Es geht um Freiheit und Liebe und mir war völlig klar, dass das genauso zu sein hat: Das Pferd möchte alles für den Menschen tun, der es geschafft hat, sein Vertrauen zu gewinnen. Und dann begann ich mit dem Reiten und fiel unsanft auf den Boden der Tatsachen.

VON CLAUDIA WEINGAND

Meine ersten Reiterfahrungen sammelte ich in einem kleinen Reitverein mit drei Schulpferden. Wir mussten putzen, misten, Pferde von der Koppel holen, im Sommer Heu wenden und einfahren sowie Wassereimer schleppen. Ich wuchs in das Gesamtpaket Pferdehaltung rein und ging durch eine knochenharte Schule, was mich als Kind manchmal ganz schön nervte. (Heute bin ich froh, dass ich früh lernen durfte, was Pferdehaltung bedeutet!). Ich wollte ja eigentlich Reiten und eine schöne Beziehung zum Pferd aufbauen.

Noch schlimmer war aber, dass die Pferde mich nicht anbrummelten, wenn ich in den Stall kam, oder besonders brav waren, wenn ich sie mit honigsüßer Stimme darum bat. Sie standen mir auf dem Fuß, schnappten in die Luft, wenn ich beim Putzen unvorsichtig war, und wendeten nie in die Richtung ab, die ich einschlagen wollte. Ich war ihnen gefühlt egal bis lästig.

OTTO, DAS CHARAKTERPFERD

Unser Schulpferd Otto, ein älterer Trakehner, der von L-Dressur über Herbstjagd bis Voltigieren alles machte, legte die Ohren an, wenn man ihn putzte, und bockte oft, wenn wir Kinder ihn ritten. Unter guten Reitern bockte er höchstens mal beim Angaloppieren. Einmal belegte ich in einem Reiterwettbewerb den vierten Platz, obwohl Otto nichts von dem tat, was ich wollte. Er bockte von Beginn bis Ende und ich kämpfte mich zweimal von seinem Hals in den Sattel zurück. Der Richter hatte offenbar Mitleid und gab mir trotzdem eine Schleife.

Ich hatte in den ersten Anfängerjahren Probleme mit Otto, aber … Otto galt nicht als „Problempferd", sondern einfach als „Otto". Das Problem saß auf ihm drauf: Immer, wenn er bockte, wies mich die Reitlehrerin auf meine Fehler hin – das war es auch, was Otto mich lehrte: Sitzen lernen, selbstkritisch sein und Respekt vor dem Pferd haben.

MONA, DIE DURCHGÄNGERIN

Die stets nervöse kleine Schimmelstute, ebenfalls Schulpferd, machte mich mit dem ekligen Gefühl des Kontrollverlustes vertraut. Sie ging im Gelände auf jeder Galoppstrecke durch (bis die Strecke beendet war) und ließ sich nur durch endloses Kringeln auf dem Weg davon abbringen, direkt bis nach Hause durchzustarten. Das versuchte niemand ernsthaft zu ändern, sie galt halt als „etwas irre". Ich hatte häufig Angst auf ihr, seltsamerweise ging aber immer alles gut. Ich mochte Mona sehr und versuchte viel, damit sie sich wohler fühlte: Als ich Mona, die beim Putzen empfindlich war und in die Luft biss, einmal eine Stunde lang ganz sanft putzte, sodass sie meine Berührungen zu genießen begann, wurde ich allerdings zurechtgewiesen, warum ich herumtrödele – die Pferde gehörten gesattelt, die Boxen gemistet … Das werfe ich niemandem vor, die Prioritäten lagen eben woanders.

Für mich fühlte sich das aber zunehmend falsch an. Ich las die damals noch wenigen Bücher über Pferdeverhalten, Bodenarbeit oder Freiarbeit. Ab und zu durfte ich mit Mona etwas am Boden tun und immer mal ohne Unterricht reiten. Ich ritt dann sehr nach Gefühl und sie entspannte sich unter mir und war zufrieden. Ich probierte auch fast heimlich kleine Bodenarbeitsübungen mit ihr aus – einfache Führübungen eigentlich, was sie interessiert und fein beantwortete. Ich lernte von ihr, dass Pferde doch Lust darauf haben können, etwas mit dem Menschen zusammen zu machen.

Ihr Durchgehen im Gelände hätte man sicher allmählich abtrainieren können, indem man sie auf Galoppstrecken zunächst geführt und schließlich konzentriert Schritt geritten hätte. Einmal versuchten wir das (mit Erfolg), als Otto eine Verletzung hatte und nur geführt werden sollte und eine andere Schülerin mich auf Mona im Schritt begleitete. Irgendwie beließ man aber doch alles beim Alten.

NENYA, MEIN MÄDCHENTRAUM UND „FAST-PROBLEMPFERD"

Durch glückliche Umstände bekam ich, als ich etwa 15 war, von Bekannten eine fünfjährige Fuchsstute namens Sissy zur Verfügung gestellt. Tolles Papier, Pilot im Pedigree. Ihre Mutter galt als schwierig. Sissy taufte ich in Nenya um.

Urmel ist wieder fit. - und ich habe meine Lektion gelernt. (Foto: Phillip Weingand)

Sie kannte Reitergewicht, Gas und hin und wieder auch die Bremse ... und das war's. Sie war ein Traum am Boden und reagierte auf alles genau so, wie es in den Büchern stand. Ich hatte in der Gegend keinen Lehrer für „Bodenarbeit" oder Longieren und probierte sehr viel auf eigene Faust herum. (Das empfehle ich aus heutiger Sicht niemandem, ich hatte zum einen Glück und zum anderen schon ein paar Jahre Erfahrung im Umgang mit Pferden!). Wir waren ein gutes Team. Nenya war unglaublich fein, leistungsbereit und kooperativ. Sie steigerte sich aber schnell in einen sehr aufgeregten Zustand hinein, wenn ich ungeduldig wurde oder Druck machte.

Das größte Problem war: Mir fehlte „System". Ich ließ Nenya aus Angst vor Überreaktionen viel entscheiden und war ratlos, wenn sie die Hilfen, die ich in meiner Grundausbildung gelernt hatte, einfach nicht befolgte. Wir nahmen zwar Unterricht beim Reitlehrer des Pensionsstalls, so richtig weiter brachte uns das aber nicht, weil Nenya auf Druck (und den machte er!) komplett allergisch reagierte. Wahrscheinlich wäre sie gefährlich geworden, wenn man sich „mal so richtig durchgesetzt" hätte.

Ich stieß irgendwann auf eine Anzeige von Wolfgang Marlie und nahm in den Ferien Unterricht bei ihm. Ich lernte auf seinen feinen Schulpferden, mich besser zu fokussieren und Klarheit in die Arbeit zu bringen. Besonders in einer Beziehung fiel der Groschen: Wenn ich eine Hilfe gebe, muss ich auch dafür sorgen, dass das Pferd sie versteht und darauf reagieren kann. Und das, bevor ich Hilfen kombiniere – alles andere führt zu Zufallsergebnissen, Verwirrung oder zum Abstumpfen. Das klingt aus heutiger Sicht fast zu selbstverständlich, um es aufzuschreiben – aber damals war mir das nicht so ganz klar. Kein Reitlehrer hatte darauf geachtet, ob mein Pferd mich verstehen konnte, vielmehr ging man davon aus, dass die Pferde stur, faul oder in Nenyas Fall ein bisschen zu hektisch sind.

Durch Nenya (und Wolfgang) begriff ich erst, dass jeder Reiter ein Ausbilder ist. Ich denke, dass viele reiterliche Probleme damit zusammenhängen, dass Reiter in der Praxis diesen „Ausbildungsauftrag" vergessen und denken, dass das Pferd sie schon verstehe, aber bewusst ignoriere.

Aus heutiger Sicht hätte ich mit Nenya reiterlich und unter Trainingsaspekten einiges anders gemacht – meine Verbindung zu diesem Pferd war aber genauso intensiv, wie ich mir das immer gewünscht hatte. Sie hat meine berufliche und private Laufbahn entscheidend geprägt.

JUNIORA, DIE ANGREIFERIN

2008 machte ich ein halbes Jahr Praktikum bei Wolfgang Marlie. Bisher hatte jedes Pferd (nach Nenya) am Boden prima auf mich reagiert und ich ging ziemlich selbstbewusst an die Pferde heran. Wolfgangs Schulpferde sind oft Pferde mit „Geschichte", die nicht nur Gutes mit Menschen erlebt hatten. Wolfgang kurierte mich von ein paar Ideen, die ich diversen Büchern entnommen hatte, und ich begann, mehr und mehr vom großen Ganzen zu verstehen. Im Unterricht ritt ich anfangs Juniora, eine imposante Warmblutstute. Unterm Sattel war sie brav und doch fein zu reiten und ich hatte das Gefühl, dass wir harmonierten. Bis ich sie eines Tages longierte. Ein paar Runden im Schritt gingen noch ganz gut, bis ich etwas mehr Druck machte und sie antraben wollte. Da drehte sie sich zu mir um und stieg mich plötzlich kerzengerade an. Ich reagierte mit mehr Druck und sie wurde noch ärgerlicher. Ich brach aus Sicherheitsgründen ab und war in meinen Grundfesten erschüttert. So was hatte ich noch nie erlebt. Wolfgang erklärte mir, dass Juniora ärgerlich wird, wenn ich meine treibenden Hilfen nicht sofort nach dem Hauch einer Reaktion aussetze und sie so bestätige. Er ließ mich eine ungewöhnliche Übung machen: Ich sollte einen Softball nehmen und Juniora wie beim Longieren mit Schnalzen treiben. Wenn sie nicht reagierte, sollte ich die Hand mit dem Ball heben. Wenn auch darauf keine Reaktion folgte, sollte ich den Ball werfen – und zwar dahin, wo Juniora gerade stand. Wenn sie also mit Vorwärts reagierte, würde sie überhaupt nicht getroffen. Die ersten Male wurde Juniora getroffen und war wenig beeindruckt. Allmählich reagierte sie aber, bevor ich den Ball warf, und trabte aus meiner „Schusslinie". Das war im Nachhinein eine gute Übung – für mich. Wenn man den Ball in letzter Konsequenz wirft, hat das Pferd zwangsläufig eine Pause, weil man ihn ja wieder einsammeln muss. Außerdem lernte ich so, dem Pferd nicht „nachzusetzen", also kein „Komm, weitertraben!"-Kommando, sobald das Pferd den Trab anbietet. Auch mit der Longierpeitsche sollte man immer nur daran denken, den „Luftraum“ (und möglichst nicht das Pferd) zu treffen, aus dem das Pferd sich längst herausbewegt hat, wenn es auf die treibenden Hilfen reagiert. Dann funktioniert die Übung auch prima ohne Ball. Ich konnte Juniora nach einigen Minuten allein mit Schnalzen angaloppieren lassen und war völlig verblüfft.

URMEL, DER VERMEINTLICHE „FAULPELZ“

Mein Shetlandpony Urmel übernahm ich, als er zwei Jahre jung war. Er war fröhlich, raste hinter Menschen her, zwickte, bockte am Führstrick und trat im Freilauf nach mir. Ich investierte viel Zeit in seine Grunderziehung, er war und ist dabei sehr kooperativ oder sehr ignorant: Wenn er Spaß an einer Aufgabe hat (Spanischer Schritt, Gerte apportieren, mit mir im Wald herumflitzen), ist er hoch motiviert und ein absoluter Blitzmerker. Sachen, die er „geht so“ findet (brav neben mir bleiben, beim Führen zum Beispiel), möchte er dagegen jeden Tag aufs Neue erklärt bekommen. Als ich ihn mit dreieinhalb Jahren allmählich anlongierte, wollte er nicht vorwärtsgehen - ein unverdorbenes Shetty, das den ganzen Winter neben mir im Wald fröhlich hergetrabt oder gar galoppiert war. Ich war wirklich ratlos, besonders, weil das Longieren an manchen Tagen super lief. Dann brach ich nach den ersten willigen Trabtritten schnell ab und lobte überschwänglich. Und beim nächsten Mal reagierte er in keinster Weise auf irgendeine Hilfe. War er einfach stur? Machte ich zu viel Druck? Oder zu wenig …?

Irgendwann ging Urmel auf einem Vorderbein unklar etwas lahm, bald ging er wieder völlig klar und kurz darauf lahmte er auf dem anderen Vorderbein. Tierarzt und Hufpfleger waren zunächst ratlos, bis eine Tierärztin die Diagnose „Hufrehe“ aussprach und wir Urmel sofort behandelten. Rehe! Bei einem dreijährigen, nicht mal sonderlich dicken Shetty? Urmel stand nie in der typischen Sägebockhaltung, er ging einfach „nur“ klamm oder unklar lahm – ein untypischer Verlauf. Ich war geschockt. Blutuntersuchungen ergaben, dass Urmel EMS (Equines Metabolisches Syndrom) hatte. Durch Heurationierung bekam ich das Problem in den Griff, und als der Reheschub vorüber und Urmel wieder trainierbar war, war Longieren zwar nicht seine Lieblingsdisziplin, aber entspannt und fleißig machbar. Ich lernte von Urmel etwas ganz Entscheidendes: Ein gesundes Tier bewegt sich gern! War in Junioras Fall schlicht mein Timing schlecht gewesen, konnte Urmel überhaupt nicht reagieren, weil er Schmerzen hatte. Den Faktor Gesundheit sollte man bei sämtlichen Problemen in seine Überlegungen einbeziehen!

FAZIT

Ich denke, viele Reiter gehen mit verschiedenen Legenden im Kopf und tiefsten Herzenswünschen an das „Abenteuer Pferd“ heran. Pferde sind aber keine Fabelwesen, die kleine Jungs vor Schlangen retten (wie im „Schwarzen Hengst“) und dann ihnen zuliebe ein Rennen gewinnen. Pferde sind einfach Pferde. Mit eigenen Ideen, Bedürfnissen und einer eigenen Meinung, die sie beeindruckend vertreten können. Wie wir damit umgehen können, müssen wir über viele Jahre lernen und immer wieder neu herausfinden.

Viele „Problempferde“ müssen zunächst überhaupt kein Menschenproblem haben. Oft hat eigentlich nur der Mensch ein Problem, weil er noch nicht gelernt hat, mit bestimmten Verhaltensweisen umzugehen. Unerfahrene Reiter können zum Beispiel Schreckhaftigkeit oder Gehfreude als Problem sehen, obwohl beides normale Eigenschaften eines Pferdes sind. Das Ganze kann allerdings zum Problem werden, wenn der Reiter nicht sattelfest ist oder das Pferd für sein natürliches Verhalten straft. Wir sollten lernen, uns nicht über „unerwünschtes Verhalten“ zu ärgern, sondern es als Hinweis an uns zu verstehen. Meist reagieren wir unbewusst unangemessen auf eine Situation, bereiten dem Pferd unabsichtlich Unwohlsein (Sitzfehler, Satteldruck …), drücken uns nicht verständlich aus oder bringen das Pferd körperlich an eine Grenze. Wenn wir das akzeptieren, kommen einer partnerschaftlichen Beziehung zum Pferd näher – dann wird jedes Pferd ein kleines bisschen wie Blitz, Black Beauty oder Ostwind und hat einfach Freude am Zusammensein mit uns!

CLAUDIA WEINGAND

… lebt mit ihrer Familie und zwei Pferden in Baden-Württemberg und reitet seit ihrem neunten Lebensjahr. Sie ist Journalistin und Lektorin für Pferdefachbücher, seit 2013 Chefredakteurin von Feine Hilfen und leitet seit 2015 das Pferdebuchprogramm des Cadmos Verlags. Sie ist Osteo-Concept-Coach, gibt nebenberuflich Reit- und Longenunterricht und steckt mitten in der berufsbegleitenden Ausbildung zur Pferdeosteotherapeutin bei Barbara Welter-Böller.

Mehr Infos unter:
www.claudia-weingand.de

ALTE UND NEUE GRENZEN

VON JENNY WILD UND PEER CLASSEN

Es fällt uns schwer, über „Problempferde" zu schreiben, weil wir Pferde nie als Problempferde betrachten. Ganz im Gegenteil: Entweder sehen wir Pferde mit „Problemmenschen", also Pferde, die ein Menschenproblem haben, oder wir erklären es so, dass es sich um Pferde handelt, die kein Problem sind, sondern ein Problem haben. Wir sind eher Lehrer als Trainer und unterrichten Menschen darin, ihre Pferde besser zu verstehen. Wir sensibilisieren sie dafür, dem Pferd zu helfen anstatt es zu verändern.

Von Jenny Wild

Das Pferd, das mir immer als Erstes als schwierigster Fall in den Sinn kommt, ist das kleine Fohlen, von dem ich auch in meinem Buch „Von Pferden lernen, sich selbst zu verstehen" (Kosmos Verlag) geschrieben habe. Die kleine Stute hatte keinen einfachen Start ins Leben, und zwar nicht, weil ihr jemand etwas Böses wollte, sondern weil die Besitzerin unbeholfen war und sich Rat bei sogenannten „Fachleuten" holte. Die hatten offensichtlich weniger Pferdeverstand als die Pferdebesitzerin selbst. Diese hatte das Fohlen nicht mit eingeplant, als sie sich nach vielen Jahren Reitpause dazu entschied, endlich ein eigenes Pferd zu kaufen. Die Stute war bereits tragend, ohne dass der Verkäufer dies erwähnt hatte. Vielleicht wusste er es auch selbst nicht. Auf Rat der selbst ernannten Experten jagte sie das Fohlen immer weg, wenn es in die Nähe kam, und gab der kleinen Stute schnell zu verstehen, dass Menschen offensichtlich nichts mit Pferden zu tun haben wollten. Für wichtige Ereignisse wie den Tierarztbesuch wurde sie dann doch von mehreren Personen eingefangen und festgehalten. Das machte ihr so viel Angst, dass sie sich bei der Einfangaktion, bei der sie gebrannt werden sollte, so heftig war, dass die Aktion vorzeitig abgebrochen wurde. Hiernach war sie sehr geschickt darin, jeden Annäherungsversuch von Menschen erfolgreich zu verhindern.

Distanz und Nähe

Zum Zeitpunkt, als wir gerufen wurden, war das Pferdchen acht Monate alt und sollte zum ersten Mal zum Hufschmied. Die Besitzerin hatte es zwischenzeitlich gemeinsam mit der Mutterstute in einen Paddock mit Offenstall umgestellt und dann von der Stute abgesetzt. Ein Pony war der neue Wegbegleiter des unsicheren Fohlens, das von Menschen nur das Schlimmste erwartete. Peer überließ mir diese besondere Aufgabe und so begab ich mich auf den Paddock, auf dem die kleine Maus den größtmöglichen Abstand zwischen uns brachte und diesen auch möglichst einhielt. Meine Strategie war ziemlich einfach. Ich war da, sehr ruhig und interessierte mich für alles, nur nicht für das Fohlen. Ich ließ nach einiger Zeit die Besitzerin das Pony am Seil halten, weil das Fohlen dieses als ständigen Schutzschild zwischen uns nutzte. Mein Ziel war, der kleinen Stute von Anfang an zu zeigen, dass ich zwar da war, dass aber keinerlei Gefahr von mir ausging. Wir bewegten uns nie schneller als im Schritt und nicht ein einziges Mal habe ich in irgendeiner Form Druck gemacht. Mein Fokus war immer auf den Boden gerichtet und ich war lediglich immer mehr interessiert an den Orten, an denen sich die Kleine gerade aufhielt. Irgendwann schaffte sie es und drehte sich zu mir um und

Durch Pauls Verladeproblem wurde Jenny Wild auf Natural Horsemanship aufmerksam. (Foto: privat)

schaute mich an. Dies war der Moment, wo ich unverzüglich den Paddock verließ und gemeinsam mit der Besitzerin eine ausgiebige Kaffeepause machte. Hierbei erklärte ich ihr, dass es mir am Herzen lag, dieses traumatisierte junge Pferd nicht zu überrumpeln und zu irgendetwas zu zwingen, sondern dass es selbst die Entscheidung treffen sollte, sich für mich zu interessieren. Dies war für mich der stressfreieste und nachhaltigste Weg, um die Einstellung dieses so verunsicherten Pferdes positiv zu ändern.
Nach einiger Zeit ging ich wieder auf den Paddock und nahm mein Spiel wieder auf: „Da, wo du gerade stehst, ist es besonders interessant." Diesmal ging es erheblich schneller, dass sie sich zu mir umdrehte. Ich reagierte unmittelbar mit Rückzug. Nach einiger Zeit stand sie in einem Abstand von ca. zwei Metern neben mir, und da passierte es. Sie kam zu mir und untersuchte mich von oben bis unten mit ihrer Nase. Es war so ein unglaubliches Gefühl, dass mir sofort die Tränen liefen. Dieses kleine Ding hatte sich dazu entschieden, auf mich zuzugehen und mir ihr Herz zu schenken. Das war unfassbar berührend. Tatsächlich durfte ich sie danach auch streicheln und sogar aufhalftern.
Grundsätzlich sind es ganz sicher unsere eigenen Pferde, die uns am meisten voranbringen und an uns arbeiten lassen. Dadurch, dass wir ihnen so nah sind und sie oft sehen, fällt vieles leichter und in der Ausbildung kommt man schnell voran. Die Nähe hat aber auch den großen Nachteil, dass ständig Emotionen im Spiel sind, sodass wir uns selbst im Weg stehen können.

Paul und Natural Horsemanship

Mich persönlich hat wohl mein zweites eigenes Pferd, Paul, ein schwarzer Westfale mit viel Vollblut, vorangebracht. Für mich war mit Paul vieles schwierig. Er hatte einen großen Bewegungsdrang, war ziemlich unberechenbar beim Reiten, trug die Nase immer im Himmel und rannte bei jeder Gelegenheit unkontrollierbar los. Meine damaligen Lösungsansätze (wie der Einsatz von Schlaufzügeln) waren im Nachhinein haarsträubend. Ein weiteres großes Problem war, dass Paul nicht zu verladen war. Ich musste mir eingestehen, dass ich offensichtlich nicht so gut mit Pferden umgehen konnte, wie ich dachte.
Meine Freundin war auch etwas unglücklich, was das Thema Verladen betraf, und brachte uns auf den Weg des Natural Horsemanship. Wir besuchten Kurse bei Birger Gieseke, Silke Vallentin, Karen Rohlf und Honza Blaha, um nur einige zu nennen. Ich weiß gar nicht mehr genau, wie viele Kurse ich gemeinsam mit Paul absolvierte. Ich ließ mich filmen, studierte die Aufnahmen und machte

„Paul war mein größter Lehrmeister" sagt Jenny Wild rückblickend über ihr zweites eigenes Pferd. (Foto: privat)

meine Hausaufgaben. Ich las alles über das Thema Horsemanship, und irgendwann verstand ich, worin gutes Timing besteht und wie man einem Pferd Fragen stellt.
Und plötzlich veränderten sich meine Beziehung zu Paul und unser gemeinsames Leben mehr als positiv. Ich konnte nicht nur die eingangs erwähnten Probleme schnell in den Griff bekommen, nein, ich hatte auf einmal einen Weg eingeschlagen, der es mir ermöglichte, immer mehr Träume Wirklichkeit werden zu lassen.
Paul holte mich aber immer wieder auf den Boden der Tatsachen zurück, zeigte mir auf, wann ich zu viel wollte oder zu unsicher war. Er war all die Jahre ein toller Begleiter und ganz sicher mein größter Lehrmeister. Ich werde ihm immer dankbar sein für alles, was er mir gezeigt und ermöglicht hat.
Ich habe in der Zeit mit Paul sehr viel über Horsemanship gelernt, würde aber trotzdem nicht mehr alles genauso machen. Beim Verladen etwa fuhren wir damals die Strategie, es Paul außerhalb des Hängers ungemütlich zu machen – er musste arbeiten. Im Hänger hatte er Ruhe. Das funktionierte zwar, doch heute sorgen wir (nicht nur) beim Verladetraining für Entspannung und respektieren die Grenzen des jeweiligen Pferdes mehr.

Von Peer Claßen

Wie wir Grenzen verschieben können

Im Traineralltag trifft man immer wieder Pferde, die einen an Grenzen bringen. Zunächst ist eigentlich jedes Pferd eine neue Herausforderung. Oft hat es selbst oder sein Besitzer ein „Problem" oder man möchte mit ihm ein bestimmtes Ziel erreichen.
Es gibt ja grob gesehen nur zwei Probleme, die man mit Pferden haben kann: Entweder wir wollen etwas vom Pferd, was es nicht tut, oder es tut etwas, was wir nicht wollen. Darüber hinaus muss man sich jedoch immer individuell auf jede Situation einstellen – auf das Thema, auf das Pferd, auf den Menschen. Und man weiß vorher nie, was einen erwartet, selbst wenn man das Pferd schon gut kennt. Daher kann man nicht davon ausgehen, dass es im Training kontinuierlich immer einen Schritt weiter nach vorn geht. Das bedeutet also, dass ganz von allein jeden Tag alte und neue Grenzen auftauchen. Das darf man als Trainer und als Pferdebesitzer nicht vergessen, und das gilt auch für Profis. Doch in der Regel geht es im Training beim größten Teil der Pferde trotzdem immer ein Stückchen weiter voran.
So gesehen sind diese Grenzen dazu da, um verschoben zu werden.
Wenn man daran gewöhnt ist, Probleme zu lösen und Ziele zu erreichen, kann es auch mal passieren, dass man manchem Pferd etwas zu sehr auf die Sprünge helfen möchte und es damit überfordert. Aber auch diese Probleme lösen sich, wenn man sich darauf besinnt, wieder achtsamer zu sein und die individuellen Fähigkeiten und Talente des Pferdes zu beachten.
Manchmal allerdings gibt es tatsächlich Pferde, die so traumatisiert sind, die solch ein tief sitzendes Problem haben, dass selbst jahrzehntelange

Erfahrung und Wissen nicht weiterhelfen, bei dem man an Grenzen stößt, die zu verschieben entweder sehr zeit- und arbeitsintensiv ist oder die einfach nicht zu verschieben sind.

Wildfire

So ein Pferd ist für mich zum Beispiel mein Berittpferd Wildfire. Wildfire ist ein holländisches Warmblut, hat viel Talent, tolle Gänge, eine Topabstammung, weshalb man auch schnell sein Potenzial nutzen wollte. Sowohl in Holland als auch in Deutschland hatten daher diverse Bereiter und Ausbilder sich an der Arbeit mit ihm versucht. Dies gestaltete sich aber als schwierig und die Trainer versuchten abenteuerliche Strategien. Das „Training" bestand unter anderem darin, dass man sich beim Ablongieren und Einreiten ohne Pause abwechselte, sodass er einmal 14 Stunden am Stück gearbeitet wurde. Der Erfolg blieb natürlich aus. Ebenso wenig half es, ihn zwei Wochen lang mit Sattel und Trense in der Box stehen zu lassen, um ihn endlich zu brechen. Jeder Reitversuch endete unweigerlich mit einem wilden Abwurf. Und irgendwann versuchte er dann auch seine Peiniger anzugreifen, wenn sie ihn aus der Box holen wollten.

Bei den jetzigen Besitzern fühlt sich Wildfire sehr wohl. Er muss weder einen Tag lang im Kreis laufen noch andere Zwangsmaßnahmen über sich ergehen lassen. Nur fremde Männer und alles, was auch nur entfernt nach Training riecht, löst zumindest große Skepsis bis hin zu blanker Panik aus. Ihn aus der Box holen zu können dauerte für mich schon ein paar Wochen. Und in der Halle wurde jeder Schritt auf ihn zu, jede Berührung an einer unerwarteten Stelle, jedes Rascheln der Jacke mit einer regelrechten Panikattacke beantwortet. Dabei war und ist Wildfire eines der nettesten Pferde, die ich kenne, und er will niemandem etwas Böses. Ein Jahr dauerte es, bis ich mich auf ihn setzen durfte. Ich habe in dieser Zeit nichts anders gemacht, als ihn gegen alle möglichen Geräusche, Bewegungen, Berührungen zu desensibilisieren. Es gab immer und immer wieder große Rückschritte, weil er permanent in sein altes Muster zurückfiel. Dinge, die bei anderen (durchaus auch problematischen) Pferden nach einigen Stunden erledigt sind, dauerten bei ihm Wochen und Monate, nur um sich dann von einem Tag auf den anderen wieder in Luft aufzulösen. Ich habe bei ihm so einiges anders gemacht, als ich es sonst tue. Zum Beispiel habe ich irgendwann mit Leckerchen gearbeitet, was ich bei unsicheren Pferden normalerweise nicht mache. Doch diese Leckerchen haben ihm so gut geschmeckt, dass er irgendwann anfing, meine Hand abzuschlecken. Es fühlte sich so an, als sei das ein

Es geht nicht immer nur vorwärts: In der Arbeit mit Pferden tauchen immer mal wieder alte und neue Grenzen auf. (Foto: privat)

Knackpunkt gewesen: Nicht ich habe ihn berührt und gestreichelt, sondern umgekehrt. Doch beim Aufsteigen war es wieder schwieriger, denn wenn er dafür ein Leckerchen wollte, wurde er wieder angespannt und ich musste mich oft mit einem Notabstieg retten. Mit der Zeit fanden wir einen guten Kompromiss und ich konnte immer öfter immer länger oben sitzen bleiben. Nur losgehen konnten wir nicht. Die Besitzerin hat mich zwar ein paarmal angeführt, war aber selbst zu nervös, was ihn und mich natürlich auch nicht gerade zuversichtlicher machte. Jenny hatte nicht regelmäßig die nötige Zeit, um mich zu begleiten. Also musste ich mir etwas einfallen lassen und nahm wieder die Leckerchen zu Hilfe. Ich legte eines davon in einem Meter Entfernung auf eine zweite Aufsteighilfe, und er musste einen Schritt machen, um es sich zu holen – auch wieder eine Strategie, von der ich normalerweise eher abraten würde. Aber es funktionierte, auch wenn er einige Übungseinheiten brauchte, um genug Mut für den ersten Schritt zu sammeln. Und auch dann war er noch oft sehr skeptisch und ich musste nach wie vor immer mal wieder abspringen, weil er erschrak und ansetzte, panisch zu bocken. Am Ende schafften wir es mit zwei Leckerchenstationen, diverse Male die Reithalle gemeinsam zu durchqueren.
Nachdem es wochenlang immer aufwärtsging und er dabei sogar viel entspannter wurde, fiel er wieder zweimal in sein Panikmuster – und ich daraufhin sehr unsanft von seinem Rücken. Die zwei letzten Stürze waren recht heftig, sodass ich beschloss, erst einmal weiter am Boden zu bleiben. Momentan bin ich mir nicht sicher, ob er seine Ängste und Sorgen je wirklich los wird, und daher kann ich auch nicht sagen, ob meine Strategie und mein Trainingsansatz erfolgreich sind. Aber der Ansatz: „Nicht alles ist machbar und nicht jedes Problem ist lösbar", ist in der heutigen Zeit nicht ganz unwichtig. Denn immer mehr werden die Heilsversprechungen und damit die Erwartungen hochgeschraubt. Auch ich bin sicher, dass die meisten Probleme mit Pferden gelöst oder zumindest deutlich verbessert werden können. Doch der Anspruch, dass alle Hindernisse sich – mit welcher Methode auch immer – aus dem Weg räumen lassen, setzt Trainer, Schüler und Hilfesuchende immer mehr unter Druck und das Nachsehen haben am Ende die Pferde, denen wir doch eigentlich helfen sollten.

Wenn Pferde aggressiv werden

In der Regel lernt man schnell, dass Pferde nur dann wirklich gefährlich sind, wenn sie entweder das Gefühl haben, sich gezielt wehren zu müssen, oder wenn sie gelernt haben, dass Menschen sich durch Drohgebärden einschüchtern lassen und man so als Pferd ganz einfach an seine Ziele kommt. Im zweiten Fall glauben es die Pferde einem schon bald, wenn man ihnen freundlich, aber bestimmt klarmacht, dass diese Methode bei uns leider wenig Erfolg versprechend ist. Im ersten Fall (also bei Pferden, die sich durch Aggression schützen wollen) muss man einen Trainingsansatz wählen, der das Pferd nicht in ausweglose Situationen bringt. Wenn man die nötige Erfahrung hat und willens ist, sich auf das Pferd einzulassen, dann kommt erst gar keine Situation auf, in der das Pferd sich wehren müsste.

Doch wie bei den Menschen auch, lassen sich nicht alle Pferde schnell und nachhaltig von der einen oder der anderen Strategie überzeugen. Sie bleiben erst einmal auf Konfrontationskurs oder intensivieren ihn noch. Dann kommt es auch schon mal vor, dass ich ein mulmiges Gefühl bekomme. Mit Treten, Beißen und Bocken können Pferde uns enormen Schaden zufügen. Doch meist ist das mit etwas Erfahrung ein kalkulierbares Risiko. Ich habe keine Angst, aber eine erhöhte Aufmerksamkeit und bin vorsichtiger. Die effektivste Maßnahme gegen Angst (auf beiden Seiten) ist es, die Pferde und sich selbst genau zu beobachten und wahrzunehmen.

So kann man nicht nur frühzeitig die Grenzen der Pferde und seine eigenen erkennen und die Situation realistisch einschätzen. Dann weiß man ganz gut, wann und warum man ein Risiko eingehen kann (was ja immerhin manchmal nötig ist) und wann man es besser bleiben lässt und schwierige Situationen lieber noch ein bisschen besser vorbereitet.

JENNY WILD UND PEER CLASSEN

... sind nicht nur erfolgreiche Lehrer für Natural Horsemanship, sondern mittlerweile auch stolze Autoren dreier Bücher. Es liegt ihnen am Herzen, die Welt für Pferde und Menschen ein bisschen besser zu machen, indem sie das gegenseitige Verständnis vergrößern und die Beziehung stärken. Jenny und Peer möchten zeigen, wie jeder mit viel Gefühl, aber auch kompetentem Handeln seinem Pferd die Sicherheit geben kann, die es braucht, um gern mit seinem Menschen zu agieren. Ganz automatisch resultiert daraus später, dass die Menschen ihre Pferde zu allem motivieren können, was möglich und sinnvoll ist. So ist eine sichere Basis geschaffen für ein entspanntes und zufriedenes Zusammensein.

BUCHTIPP:

Jenny Wild, Peer Claßen
Sicher und frei reiten mit Natural Horsemanship

Kosmos Verlag
ISBN 978-3-4401-4595-1
29,90 €

(Foto: Christiane Slawik)

Eine Partnerschaft bedeutet immer, dass ich auch die Wünsche, Sorgen und Probleme meines Partners berücksichtige. (Foto: Sabrina Senk)

DAS PFERD ALS FREUND UND PARTNER

Agnes Trosse ist Trainerin für klassisch-barocke Reiterei und verfolgt dabei einen ganzheitlichen Ansatz, der das Pferd als Partner versteht. Die Begriffe Freiheit, Vertrauen, Intuition und Treue nehmen in ihrer Arbeit mit Pferden eine wichtige Rolle ein. Die Pferde, die ihr bisher am nächsten standen, haben ihr die Bedeutung dieser Worte auf besondere Weise vermittelt. Wie? Davon erzählt sie in diesem Artikel.

VON AGNES TROSSE

Pferde haben irgendwie schon immer mein Leben bestimmt. Das fing bei mir tatsächlich schon sehr früh an. Die ersten Pferde, an die ich mich erinnern kann, waren Trixie und Sternchen. Ein Fuchs und ein Rappe, die in den 1970er-Jahren täglich auf der Wiese gegenüber unseres Hauses standen. Schon mit zwei Jahren war ich bei ihrem Anblick nicht zurückzuhalten. Mit fünf Jahren durfte ich dann im Urlaub voltigieren. Kaum zurück, begab ich mich, knapp sechsjährig, auf eigene Faust in den Reitverein meines Heimatdorfes. Es folgten sechs Jahre „Reitunterricht", den ich nur ertrug, weil ich den eisernen Willen besaß, Reiten zu lernen, und Zeit mit

Pferden verbringen zu wollen. Diese Zeit war geprägt von Tränen, Angst und der Erkenntnis, dass Menschen zu Pferden sehr grausam sein können. Mit zwölf Jahren hörte ich deshalb fast auf mit der Reiterei. Zumindest beschloss ich, nie wieder in einen Stall zu gehen, in dem Pferde so behandelt werden.

RONJA, DIE SCHÖNE SCHWARZE

Den Traum vom eigenen Pferd erfüllten mir meine Eltern nicht. Trotzdem fand ich einen für mich passenden Weg: Auf einer Wiese im Nachbarort lebte eine Rappstute. Deren Besitzer machte ich ausfindig und fragte ihn, ob ich mich um sein Pferd kümmern dürfe. Zum Test ließ er mich einmal um den örtlichen Bolzplatz traben. Offensichtlich sah ich sattelfest genug aus, um die vierjährige, gerade angerittene Stute durchs Gelände zu navigieren. Ab sofort hatte ich ein Pferd. Und was für eins: Gleich beim ersten Ausritt bockte Ronja, wie die schwarze Schönheit hieß, beim Anblick einer flatternden Siloplane mit mir übers Feld. An die Rückenschmerzen, die ich zwei Wochen darauf noch spürte, kann ich mich gut erinnern. Aber auch an den Stolz, den ich empfand, ganz allein mit diesem großen Pferd durch den Wald geritten zu sein. Ronja steht für mich bis heute daher für eine Art Emanzipierung meines kleinen Reiterdaseins. Sie verkörperte die Freiheit. Zum einen in Bezug auf mich selbst, so zu reiten, wie ich es damals leisten konnte. Ich fand mehr Mut, je häufiger ich etwas mit ihr unternahm, und wurde selbstbewusster. Mit ihr erlebte ich „Freiheit" aber auch im Hinblick auf den Umgang mit Pferden und für das Pferd selbst: Ronja lebte draußen, sie wurde nicht in eine Gitterbox eingesperrt, und wir waren keinen Zwängen ausgesetzt, irgendetwas erreichen zu müssen. Das tat gut. Ronja war mein Kumpel, und auch wenn sie ein bisschen verrückt war und ich damals sehr unerfahren, so hatten wir eine Menge Spaß.

PINO, DAS TRAUMPONY

Ronjas Besitzer kaufte etwa ein Jahr später ein Pony für seinen Sohn. Bisher hatte Ronja mit zwei Schafen auf der Wiese gestanden. Weil der frischgebackene siebenjährige Pferdebesitzer aber kein Interesse an dem Pony hatte, betreute ich von nun an zwei Pferde. Das Pony hieß Pino, war ein Cremello und sollte ein ganz besonderer Bezugspunkt in meinem Leben werden. Pino konnte alles und lehrte mich, dass ich beim Reiten keine Angst haben musste. Er steht daher für mich für das Vertrauen zwischen Pferd und Reiter. Auch mit ihm ritt ich durchs Gelände. Aber nur mit Halfter und ohne Sattel. Wir sprangen so auch über Hindernisse, und irgendwie gab es nie einen Moment, in dem ich dachte, es könnte uns etwas passieren. Aus heutiger Sicht war das sicher gefährlich und sollte nicht nachgeahmt werden, doch als Kind machte ich mir darüber keine Gedanken. Pino war zuverlässig, brav und hatte einen ganz unverwechselbaren Charakter. Mitte der 90er-Jahre, nach rund zehn Jahren mit Ronja und Pino, ging ich zum Studieren ins Ausland. Die beiden Pferde musste ich zurücklassen. Pino wurde sehr alt und lebte bis 2015 in meinem Heimatort. Ich sah ihn noch regelmäßig bei Spaziergängen mit dem Hund. Ronja bekam mehrere Fohlen und wurde dann verkauft. Was aus ihr genau wurde, weiß ich leider nicht.

JOSCHI, DAS „PROBLEMPFERD"

Ich ritt weiterhin, allerdings nicht mehr ganz so regelmäßig, bis ein Wendepunkt in meinem Leben dazu führte, dass ich meine gesamte bisherige berufliche Laufbahn infrage stellte.
Ich ging nun wieder täglich reiten, begann mich immer intensiver mit der Dressurreiterei zu beschäftigen, nahm an kleineren Turnieren teil, machte Reit- und Longierabzeichen.
Mein erstes „Korrekturpferd" war ein kleiner Tinker namens Joschi. Er steht in meiner Erinnerung für die Intuition, auf die man als Reiter und Pferdebesitzer immer hören sollte. Joschis Besitzerin lernte ich in einem Reiterstübchen kennen. Sie weinte. Man hatte ihr gesagt, ihr Pferd sei ein „Killer". Joschi hatte seiner Ausbilderin beim Longieren zuvor in den Bauch getreten.
Ich konnte mir nicht vorstellen, dass Pferde willentlich böse sein können, und bot an, zu helfen. In den kommenden zwei Jahren betreute ich Joschi täglich. Er zeigte unerwünschtes Verhalten wie Treten und Durchgehen. Der Grund war leicht zu finden: Er verstand nicht, was man von ihm wollte, und hatte Angst. Erklärte man ihm die Dinge in aller Ruhe oder ließ man ihn selbst Lösungen finden, war Joschi die Ruhe selbst. Gemeinsam mit meinem damaligen Trainer bildete ich Joschi bis zu einem guten A-Niveau aus und Joschi verlor seine Ängste.
Heute geht Joschis Besitzerin mit ihm auf Wanderritte und beide sind sehr glücklich miteinander. Etwa zur selben Zeit begann ich, für eine bekannte Reiterzeitschrift zu arbeiten.
Die Arbeit für die Zeitschrift brachte es mit sich, dass ich für Artikel immer

Rapunzel ist ein Pferd, das mich jeden Tag aufs Neue lehrt, an mir selbst zu arbeiten, Dinge zu hinterfragen und auf kleinste Signale zu achten. (Foto: Sabrina Senk)

wieder auf verschiedenen Pferden ritt und an Kursen und Reitunterricht von tollen Trainern teilnahm. Ich schrieb danach über das Erlebte, analysierte, las Unmengen, verfeinerte mein Gefühl für Pferde und lernte sinnvolle Dressur von schädlicher zu unterscheiden. Ich besuchte zusätzlich Seminare und nahm Reitunterricht in den unterschiedlichsten Reitweisen. So fand ich auch zu der Erkenntnis, dass die klassisch-barocke Reitkunst das war, womit ich mich noch näher beschäftigen wollte.

RAPUNZEL – DAS „MONTAGSPFERD“

Nachdem Joschi mich verlassen hatte, trat Rapunzel in mein Leben. Rapunzel kam aus schlechter Haltung. Der Vater einer Freundin hatte sie einem Händler günstig abgekauft. Rapunzel war sehr dünn, roh und etwa fünfeinhalb Jahre alt, als ich sie kennenlernte. Sie kannte nicht mal Hufegeben, webte und hatte sehr viel Angst. Warum, wusste niemand. Die Stute wollte nicht, dass man sie anfasst, sie wollte nicht aus der Box, draußen wollte sie nicht vorwärtsgehen, und beim Longieren geriet sie in Panik und rannte und rannte. Da ich in meinen Urlauben in Frankreich immer mit jungen, wild aufgezogenen Pferden zu tun hatte, kannte ich diese Verhaltensweisen. Ein halbes Jahr dauerte es, bis Rapunzel endlich ein wenig Vertrauen zeigte. Beim Anreiten zeigte sie sich sensibel, aber sehr kooperativ und brav. Erste Ausritte meisterte sie mit Gelassenheit. Das gewonnene Vertrauen dieses Pferdes wollte ich nicht enttäuschen und so kaufte ich Rapunzel 2010. Ich wusste, dass ich ein traumatisiertes Pferd kaufte. Was das allerdings alles mit sich bringen würde, konnte ich so damals noch nicht abschätzen. Ich wusste nur, dass ich Rapunzel nicht mehr hergeben würde. Bei der Recherche von Rapunzels Vorgeschichte stellte sich bald heraus, dass sich zwei Parteien vier Jahre lang um sie gestritten hatten. Das Alter von einem bis fünf Jahren verbrachte mein Pferd deshalb offenbar nur in einer Box und wurde nicht ausreichend gefüttert. Das erklärte, warum sie webte und warum sie so ängstlich und dünn war. Rapunzel begann im Alter von etwa sieben Jahren aber auch Rückenverspannungen zu zeigen, wollte beim Reiten nicht mehr angaloppieren und war plötzlich auch im Gelände bockig. Ich dachte, es liegt an mir und ich würde einfach nicht gut genug reiten. Die sensible Rapunzel würde mir so auf ihre Art sagen wollen, dass ich an mir arbeiten muss. Ich überdachte bisher genutzte Trainingsmethoden, suchte mir einen anderen Trainer, der im Sinne der klassischen Reitkunst arbeitete, und fing an, Rapunzel an der Hand zu schulen. Trotzdem blieb das Problem: Rapunzel ließ sich immer noch ungern putzen oder berühren (was ich anfangs ausschließlich auf schlechte Erfahrungen zurückgeführt hatte), zeigte Rückenverspannungen und hatte für meine Begriffe keinen Spaß an der täglichen Arbeit. Bei fremden Reitern zeigten sich Rapunzels Probleme noch stärker als bei mir. Hatte jemand anders auf ihr gesessen, brauchte ich die nächsten Tage gar nicht mehr versuchen, ihr den Sattel aufzulegen.
Neben meiner eigenen reiterlichen Weiterbildung auf vielen anderen Pferden befragte ich nun Tierärzte, Sattler und Tierheilpraktiker. Ich optimierte die Fütterung und stellte Rapunzel in einen für artgerechte Haltung preisgekrönten Stall. Sie bekam ständigen Zugang zu Heu und ich wechselte zu getreidefreiem Futter. Alles brachte kleine Verbesserungen, aber nicht den absoluten Durchbruch. Zu den bisherigen Problemen gesellten sich Allergien: Sie reagierte extrem auf Insekten mit heftigen Hautreaktionen und auf unterschiedliche Heusorten mit starken Blähungen und Kotwasser. Sie blieb ein Pferd, das sich nicht wohlzufühlen schien. Ein Klinikbesuch brachte keine Diagnose. Diffuse Lahmheiten reihten sich nun noch ein

in unser Krankheitsbild und ein geschwollenes Euter, das dabei aber nicht entzündet war oder bakteriell auffällig.
Erneut ging es mehrfach in die Klinik. Zysten auf den Eierstöcken, ein lange nicht erkannter Knieschaden und ein Magengeschwür wurden die ersten greifbaren Diagnosen. Langwierige Behandlungen folgten. An Reiten wagte ich schon gar nicht mehr zu denken, hielt Rapunzel stattdessen fit mit Longentraining, Spaziergängen und klassischer Arbeit an der Hand. Auch dabei musste ich auf ihre Tagesform achten. Rapunzels Stoffwechsel besserte sich nach einem Stallwechsel ein wenig.
Leider sorgte dann ein Unfall auf der Weide für ein erneutes Aus: Fesselträgerschaden und Griffelbeinbruch, OP, zwei Monate Klinikaufenthalt und eine langsame Aufbauphase mit Rückschlägen haben uns in den vergangenen neun Monaten auf Trab gehalten. Und das im wahrsten Sinn: Habe ich diesen Aufbau doch komplett an der Hand durchgeführt und bin selbst brav immer nebenhergetrabt, um es meinem Pferd leichter zu machen.
Rapunzel lehrt mich jeden Tag, dass ich mich noch mehr darauf konzentrieren muss, was sie versucht, mir mitzuteilen. Zum Muskelaufbau gehe ich viel spazieren und nutze dabei spielerisch auch Lektionen wie Piaffe, Spanischen Schritt und Schulschritt. Das macht ihr sichtlich Spaß und sie macht gut mit. Rapunzel lässt sich auch mit Clickertraining gut motivieren. Damit habe ich beim letzten Klinikaufenthalt angefangen. Mein früher so desinteressiertes Pferd spielt jetzt sogar Ball und entwickelt auch eigene Ideen. Manchmal haben wir richtig gute Tage. Dann gibt es nichts Schöneres, als mit einer fröhlichen Rapunzel zu arbeiten. Auch geritten bin ich jetzt wieder. Die Fotos dieses Artikels zeigen uns bei der zweiten Reiteinheit seit Juli 2016.

ICH KAUFTE MIR KEIN FREIZEITVERGNÜGEN, ICH ÜBERNAHM VERANTWORTUNG

Ein Pferd, das nicht oder nur bedingt geritten werden kann, wird Montagspferd genannt und taugt in den Augen vieler Leute nichts. Für mich ist der Moment des Pferdekaufs aber nicht der Moment gewesen, in dem ich mir mein Freizeitvergnügen gekauft habe. Es war der Moment, in dem ich Verantwortung für ein Lebewesen übernommen habe. Das war mir damals genauso bewusst wie heute. Diese Verantwortung gebe ich erst nach dem Tod des Pferdes wieder ab. Das beinhaltet auch, dass ich alles tun muss, um die Ursache für Schmerzen, Probleme oder Widersetzlichkeiten des mir anvertrauten Pferdes zu finden und, so weit es geht, abzustellen. Und das heißt, dass ich auch akzeptieren muss, wenn mein Pferd nicht geritten werden kann. Eine Partnerschaft bedeutet immerhin, dass ich auch die Wünsche, Sorgen und Probleme meines Partners berücksichtige.
Das mag verrückt klingen in Anbetracht der Tatsache, was so ein Pferd kostet. Aber genau diese Idee von einer wahren Partnerschaft mit dem Pferd war der Grund, weswegen ich als Kind mit dem Reiten angefangen habe. Verschiedene Ansichten, Aussagen von vermeintlich erfahreneren Mitreitern, starre Ausbildungsmethoden und das Streben nach Erfolgen und Anerkennung sorgen dafür, dass wir uns vom wahren Kern dieses Partnerschaftsgedankens entfernen. Ich glaube aber, dass wir uns als Reiter immer wieder auf unsere Intuition und den Traum vom Freund Pferd zurückbesinnen müssen, um nicht zu vergessen, dass wir die Verantwortung dafür tragen, ob das Pferdeleben mit uns glücklich ist oder nicht.
Rapunzel steht für mich für die Treue. Ganz egal, was passiert, ich werde dieses Pferd begleiten. Viele Dinge wüsste ich heute nicht, wenn ich nicht diesen harten Weg mit ihr gegangen wäre. Ich könnte meine Schüler nicht so fundiert mit Wissen zum Thema Pferdefütterung, Krankheiten, Hufbearbeitung oder Sattelkunde versorgen, vielleicht hätte ich nicht ganz so hartnäckig nach immer sanfteren und für Pferde logischeren Ausbildungswegen und Verständigungsmöglichkeiten mit Pferden gesucht und wäre heute sicher nicht der Ausbilder und Reiter, der ich bin. Natürlich lernte und lerne ich auch mit all den anderen Pferden, mit denen ich zu tun hatte und habe. Keines hat mich dabei aber so geprägt wie Rapunzel.

AGNES TROSSE

... Jahrgang 1975, reitet seit ihrem fünften Lebensjahr. Sie ist freie Autorin, Lektorin und vom Bundesverband für klassisch-barocke Reiterei (BfkbR) und von der FN lizenzierte Trainerin C klassisch-barocke Reiterei. Als Trainerin ist ihr die Vermittlung eines artgerechten und partnerschaftlichen Umgangs mit dem Pferd, biomechanischer Zusammenhänge, historischer Kenntnisse und des Wissens um eine durchdachte Pferdefütterung genauso wichtig wie die eigene ständige Weiterbildung in der klassischen Reitkunst.

Kontakt: www.motivierte-pferde.de

Eddie ging auch auf Dressurturnieren, bestand aber auch da auf fairer Behandlung. (Foto: privat)

EDELGAST – EDDIE

Ein Pferd, das mir nicht nur viel über Reiten, Gerittenwerden und Pferde, sondern auch viel über mich selbst beigebracht hat.

VON DR. ULRIKE THIEL

Dieses weise Zitat von Goethe, der selbst bis ins hohe Alter Reiter war und der in vielen Äußerungen zu diesem Thema viel Verständnis für ein sinnvolles, sich gegenseitig befruchtendes Zusammenspiel von Pferd und Mensch bewiesen hat, galt auch für meine Partnerschaft mit Eddie. Allerdings erzog mich der eigenwillige und kräftige Glanzrappe vor allem am Beginn unserer Zusammenarbeit eher dadurch, dass sich unsere Wege häufiger sehr abrupt trennten. Das passierte so oft wie bei keinem anderen Pferd vor und nach ihm. Und ich hatte und habe in meinem etwas längeren Leben schon ganz schön viele Pferde, vor allem als „schwierig" geltende Pferde, geritten und wurde von ihnen immer wieder weitergebildet und erzogen. Eddie war sicherlich mein größter Lehrmeister, weil er mich auch in einer Phase meiner Reiterkarriere kalt erwischte, in der ich mich schließlich entscheiden musste, ob es mir um die Pferde und das Reiten oder darum ging, mir selbst oder auch anderen etwas beweisen zu müssen. Eddie hat mir ganz genau gezeigt, dass ich mich (alternativlos) entscheiden muss, wenn ich mit ihm zusammenarbeiten will, und ich bin ihm noch heute sehr dankbar dafür. Unsere Partnerschaft dauerte immerhin 28 Jahre – lustigerweise länger als meine beiden menschlichen Partnerschaften zusammen.

Wie wir uns trafen

Als ich nach längerer Reitpause – wegen zweier angebrochener Rückenwirbel nach einem Reitunfall – in die Niederlande umzog, war für mich relativ schnell klar: In einem Land, in dem so viele gute Pferde auf diversen Wiesen stehen, muss ich wieder mit dem Reiten beginnen. Und so habe ich erst mal in einem kleinen Stall bei Delft ein junges Fahrpferd (typischer Fuchs mit vier weißen Socken) mehr oder weniger eingeritten, und als der dann verkauft wurde und ich gerade meine erste Festanstellung bekam, habe ich beschlossen, mir mein zweites eigenes Pferd zu kaufen. Vorher hatte ich neben und nach meinem eigenen Tschechischen Warmblut Smoky ausschließlich Pferde von anderen Besitzern geritten, die häufig nach erfolgter „Entschwierigung" verkauft oder wieder vermehrt vom Besitzer geritten wurden. Nun wollte ich mal etwas Eigenes haben, dem ich alle meine Erfahrungen zugutekommen lassen wollte. Ich wollte „das perfekte Pferd" für mich allein. Der Leser erahnt bereits, dass diese etwas naive und von eigenen Bedürfnissen geprägte Vorstellung so nicht umgesetzt werden konnte.

Ich bin durch die halben Niederlande gereist, habe mir viele Pferde angesehen und ausprobiert und stieß dann auf die Anzeige eines Handelsstalls, der unter anderem einen eleganten 3,5-jährigen Glanzrappen anbot.
Der in Belgien gezogene Wallach, in dessen Pedigree ich Hannoveraner aus der Feiner-Kerl-Linie fand, sprach mich auch sofort an - eine Linie, die ich aus Österreich von meinen Kursen am Bundesstallamt Stadl Paura kennengelernt hatte, da der alte Hengst Ferdinand dort noch gedeckt hatte. Da mir die meisten holländischen Warmblutpferde von der Abstammung her noch nicht so viel sagten, beschloss ich, mir den Burschen anzusehen. Na ja, was soll ich sagen: Es war Liebe auf den ersten Blick. Und ich sah geflissentlich darüber hinweg, dass der Verkäufer, der ihn eingeritten und auch zur Gewöhnung auf Turniere mitgenommen hatte, mir einzureden versuchte, dass er gut am Zügel ginge, wobei er eigentlich hinter dem Zügel ging …
Ich probierte das Pferd einen Monat beim Verkäufer und kaufte es. Ich nahm auch Kontakt mit seinem Züchter in Belgien auf. Der war begeistert und wir blieben einige Jahre in Kontakt. Er schickte mir Fotos von Eddie als Fohlen, seiner Mutter und seinem Vater, der inzwischen in Schweden als Deckhengst fungierte, und erklärte mir,

dass der junge Wallach das Temperament seines Vaters und das Haar seiner Mutter habe, was insofern stimmte, als ich Eddie im Winter wie kein anderes Pferd häufig scheren musste, da er sonst zum Wuschelpony mutiert wäre und sich zu Tode geschwitzt hätte. Eddie hatte offensichtlich eine gute Kindheit und Jugend genossen, bevor er an den Händler verkauft worden war. Abgesehen vom Hinter-dem-Zügel-Gehen war er gut angeritten worden und kannte schon eine ganze Menge von Verladen bis Turnieratmosphäre. Er hatte drei korrekte gute Gangarten, vor allem eine sehr gute Galoppade.

Ed als Typ

Eddie war eine Mischung aus alter Hannoveraner Springlinie mit Selle Français von der Mutterseite her. Er war stabil gebaut und hatte den Anflug einer ganz leichten Ramsnase. Etwas, was bei Springpferden keine Seltenheit ist, da sie auch häufiger vermehrt die Gene des Ursteppenpferdes (Urberber) in sich tragen. Dieser Pferdetyp zeichnet sich, neben seinen biomechanisch exzellenten Eigenschaften dadurch aus, dass er Hitze gut vertragen kann, sehr heftig in seinen Reaktionen ist, viel Bewegungsbedürfnis hat, eher dem Fluchttyp entspricht und irritierbar bis nachtragend sein kann. Solche Pferde sind Individualisten bis Einzelgänger, die futterneidisch sind und einen größeren individuellen Raum um sich benötigen. Sie sind eher furchtlos, können dem Menschen bei Bedrohung auch Abwehr entgegensetzen und besitzen einen offensiven Geist. Diese Gene finden sich vermischt mit denen der anderen drei Urpferdetypen vermehrt bei Berbern, iberischen Rassen, russischen Warmblütern und etwa Kladrubern. Eddie hatte eindeutig mehr von diesem Urpferdetyp mitbekommen als vom Urpony, dem Uraraber oder dem Urtundrapony.

Eddie war unangefochtener Herdenchef und wurde 31 Jahre alt. (Foto: privat)

Als ich ihn kaufte, hatte ich über die damit verbundenen Persönlichkeitseigenschaften noch nicht so genau nachgedacht. Erst im Laufe unserer Partnerschaft wurde mir immer deutlicher bewusst, dass diese bei ihm sehr ausgeprägt waren. Ich konnte mich am Ende gut damit arrangieren, weil mir klar war, dass dies genetische Vorgaben waren.
Ich habe mit Eddie die Grundausbildung absolviert, bin gesprungen, war im Gelände mit ihm unterwegs und wir haben uns im Turniersport bis hin zum „höheren nationalen Sportverein der Dressurreiter“ ohne größere Erfolge, aber im Mittelfeld liegend, durchgeboxt, obwohl mir immer wieder gesagt wurde: „Verkaufe ihn, der ist zu schwierig. Mit einem anderen Pferd wärst du schon viel weiter oben.“ Aber das wäre mir nie in den Sinn gekommen. Ich hatte ihn bei der Reitlehrerausbildung dabei und er war mein Versuchskaninchen bei der Ausbildung zum Voltigiertrainer und Behindertenreitlehrer. Und schließlich wurde er in meinem eigenen Institut für Equitherapie und Pferdesportpsychologie einer meiner wichtigsten Mitarbeiter.
Als Eddie fünf Jahre alt war, bekam er in dem Stall, in dem er damals stand, leider verschimmeltes Heu und entwickelte eine Stauballergie und Bronchitis. Es gelang mir mit viel Mühe, ihn behandeln zu lassen. Dann wurde er zu einem Bauern gegenüber einem Reitstall gestellt, wo er die nötigen Rahmenbedingungen vorfand. Zwei Jahre haben wir mit Aufs und Abs an der Rehabilitation gearbeitet, was uns auch sehr miteinander verbunden hat. Eddie war gesund, neigte aber zu Stauballergie, auf die man Rücksicht nehmen musste.

Eddie als Persönlichkeit

Eddie war ein Charakterpferd. Später, als ich meinen eigenen Stall mit Gruppenhaltung eröffnete, entpuppte er sich als Herdenboss, der alle Jungspunde gut erzog und mir da viel Arbeit abnahm. Er fühlte sich für alle Mitglieder seiner Gruppe verantwortlich. Widerspruch mochte er nicht so gern. Mit meiner Stute Nanda und ihrem Fohlen gründete er eine Art Kleinfamilie, die im Rahmen der Gruppe Sonderrechte genoss.
Eddie ist bis zu seinem Tod, der ihn mit 31 Jahren mit einem Gehirnschlag ereilte, Herdenboss geblieben.
Ich hatte immer mal wieder Probleme mit Eddies Charakter. Durch die Beobachtungen in der Herde konnte ich ihn besser verstehen und unser Verhältnis wurde inniger. Am besten verstanden wir uns von dem Augenblick an, als es mir schnurzegal wurde, ob ich mich beim Turnier blamierte oder ob ich eine Schleife mit nach Hause nahm.
Hatte er kein Vertrauen in den Reiter, etwa weil er ihm nicht kundig oder geschickt genug dünkte oder weil dieser sich zu sehr als Chef ihm gegenüber aufspielen wollte, übernahm Eddie die Führung. Ich denke deshalb, weil ihm das vernünftiger schien und er sich auf sich selbst am besten verlassen konnte. Das hat er mir in der Phase des „Mich-Beweisen-Wollens" deutlich gezeigt und mich schließlich bekehrt. Sobald mir das Arbeiten an meinem eigenen Sitz, meiner Unterstützung und Kommunikation wichtiger war als dass er tut, was ich erwarte, ging es mit unserer Zusammenarbeit aufwärts; wir beide konnten uns besser aufeinander einlassen und von dem Können, Wissen und den Ideen des anderen im Dialog profitieren.

Eddie war Ulrike Thiels größter Lehrmeister. (Fotos: privat)

Unsere Zusammenarbeit

Fremde Reiter, Praktikanten und Studenten testete Eddie erst mal gut und hatte relativ schnell die wunden Punkte gefunden, die er dann, wenn der Reiter lernen wollte, mit mir zusammen als Projekt betreute. War diese Bereitschaft zum Lernen nicht da, dann hatte man es mit Eddie schwer. Bei der Reitlehrerausbildung hat er zwei Kolleginnen, die ihn longieren wollten, mit Erfolg aus der Halle gejagt und einen unserer Ausbilder elegant abgesetzt, als dieser ihm zeigen wollte, wo der Hammer hängt („Der Bock muss sich biegen lassen"). Eddie setzte sich gegen alle nicht pferdegerechten Methoden erfolgreich zur Wehr. Diese Eigenschaft hat mir sehr geholfen, Spreu vom Weizen trennen zu können und immer mehr herauszufinden, was Pferden guttut und was nicht, was sie weiterbringt und was sie verunsichert, bremst oder sonst wie irritiert.
Eddie war immer eine Herausforderung an meine Kritikfähigkeit und Frustrationstoleranz. Er war allergisch darauf, wenn ein Reiter sich selbst oder dem Pferd etwas beweisen wollte. Ebenso allergisch war er auf Sitzfehler, die ihn blockierten. So hat er mir ganz viele Einblicke in die Funktion des unabhängigen Sitzes und der Hilfen verschafft. Wenn man sich im Körper nur irgendwo festhielt, Eddie machte einen drauf aufmerksam. Wenn man in einer kritischen Situation war und Eddie hatte den Eindruck, man selbst hätte den Überblick verloren, dann übernahm er die Führung. Was allerdings manchmal auch durchaus hilfreich war.
Eddie konnte Dinge übel nehmen, war allerdings sofort wieder bei der Sache und bei einem, wenn man das mitkriegte und an sich arbeitete.
Bei einer Gruppe von Reitlehreranwärtern, die von der Berufsreiterausbildung zu mir geschickt worden waren, um gemeinsam zu untersuchen, warum sie in der Ausbildung festgefahren waren, zeigte er sehr gut,

„Mensch und Pferd verschmelzen hier dergestalt in eins, dass man nicht zu sagen wüsste, wer denn eigentlich den anderen erzieht."

(Johann Wolfgang von Goethe)

wo deren Knackpunkt war. Eine Studentin konnte mit ihm auf meine Anweisung hin Zweierwechsel fehlerfrei reiten, obwohl sie vorher noch nie fliegende Wechsel geritten hatte. Eine andere konnte ihn nicht mal im Schritt angeritten bekommen. Der Rest lag irgendwo dazwischen. Eine Praktikantin bekam zielgerichtet einen Tritt ab (ohne schlimmere Folgen), weil sie ihn nach missglücktem Longierversuch an mich übergab, ihm dabei auf den Hintern schlug und meinte: „Jetzt wirst du wohl müssen." Andererseits hat Eddie bei meinem Abschied von den Kollegen aus der Justizanstalt Arnhem 25 Gäste mit Voltigiergurt und Pad sicher erste Erfahrungen mit Schritt, Trab und Galopp hintereinander an der Longe machen lassen, ohne nur einmal zu mucken. Er war eines meiner besten Kurspferde, Sitzstundenpferd sowie auch Übungspferd für Langzügelarbeit und Longieren für die Equitherapeuten, die ich ausbilde – solange niemand versuchte, sich mit ihm anzulegen und auf Teufel komm raus der Bessere als er zu sein.

Eddie und das Verladen

Das Verladen war am Beginn unserer Partnerschaft ein Kapitel für sich. Ich werde nie vergessen, wie einmal eine ganze Studiengruppe der Veterinäruniversität in Utrecht versuchte, ihn einzuladen. Er wehrte sich vehement. Als wir aufgegeben hatten, lief er mir beinahe voraus in den Hänger, seufzte kurz und widmete sich seinem Heunetz. Irgendwann konnte ich mit ihm allein und zwei Hunden aufs Turnier und er ging allein in den Hänger, blieb stehen und kam nur dann wieder raus, wenn wir weitermachen mussten. Dass er aber seine Tricks, sich dem Einladen zu entziehen, noch immer draufhatte, zeigte er immer wieder, wenn ihm „jemand dumm kam": Ich erinnere mich an die Szene, als Eddie mit über 20 Jahren in der Tierklinik behandelt werden musste, ich noch mit den Tierärzten beim Kaffee saß und zwei Praktikanten ihn inzwischen einladen sollten. Wir erblickten einen fröhlichen Eddie, der zwischen den parkenden Autos seine Runden mit einem leicht triumphierenden Ausdruck zog …

Eddie und das Reiten

Als ich mit Eddies Ausbildung begann, ritt ich mit viel Freude und Gefühl. Ich konnte auch schwierige Pferde auf meine Seite bekommen, war aber technisch sicherlich noch weit von dem entfernt, was ich mir im Laufe der Zeit an Wissen und Fertigkeiten, den klassischen Sitz betreffend, angeeignet hatte. Eddie hat mir in diesen Punkten sehr viel beigebracht. Als wir den Draht zueinander fanden und vor allem ich meine Schwachpunkte und zum Teil unbewussten Bedürfnisse und Ideen im Griff hatte, konnte man mit ihm wirklich verhandeln. Ich ließ ihn oft mitentscheiden, was wir heute tun wollten. Bei einem Ausritt, wenn ich noch Zeit hatte und wir zu einer Wegkreuzung kamen, konnte ich ihn fragen, ob er noch Lust auf eine Ausweitung der Runde habe oder nicht. Wenn ich das nächste Mal keine Zeit hatte, akzeptierte er an derselben Stelle auch durchaus ein: „Nein, heute geht das leider nicht mehr." Er nahm wie wenige andere Pferde Rücksicht auf mich und hat mich nach einem schweren Sturz mit Gehirnerschütterung 20 Minuten im ruhigen Schritt auf seinem Hals hängend nach Hause gebracht.

Eddie entwickelte auch gern mal Eigeninitiative. Bei einem Turnier mussten wir für die Preisverteilung im Springstadion reiten. Ich hatte bei der Ehrenrunde Blumen, Pokal und Rosette sowie zwei Zügel in der Hand und wollte nur gemütlich meine Runde im Handgalopp ablegen. Da fühlte sich Eddie durch die Musik, den Applaus, den Galopp und einen Oxer, der da so einladend stand, sehr motiviert, um zu zeigen, dass er eigentlich auch ein Springpferd sei. Wie schon Podhajsky sagte: „Das Erhabene und das Lächerliche liegen manchmal sehr dicht beieinander." Mich rettete gerade noch ein spontanes Wegschmeißen meiner Utensilien, und dann konnte ich Eddie im Handgalopp doch noch an den Zuschauern vorbei und zum Ausgang hin bekommen.

Er half mir aber auch, unerwartete Aufgaben zu lösen. Bei einer Dressuraufgabe liefen Hühner ums Viereck herum. Als ich auf der Diagonale Mitteltrab zeigen sollte, stellte ich mit Entsetzen fest, dass sich gerade auf der Linie ein Hahn mit eindeutigen Absichten einem Huhn widmete. Eddie löste das Problem: Er trabte, sprang dann über die beiden Tiere und trabte wieder bis zur Ecke weiter … Genauso, wie er gelebt hatte, war auch sein Tod. Am Morgen noch froh aus der Nachtbox kommend, fand ich ihn bei der Mittagsfütterung auf der Weide, wobei er sich vergeblich darum bemühte aufzustehen. Er kämpfte aber nur so lange, bis er, die Tierärztin und ich herausgefunden hatten, dass es keine Hilfe mehr für ihn gab. Dann ist er ganz friedlich mit seinem Kopf auf meinem Schoß vor seinen Freunden, die Abschied nehmen konnten, eingeschlafen.

Was ich von Eddie gelernt habe

- Zwinge ein Pferd nie dazu, etwas zu tun – schon gar nicht aus der Motivation heraus, dich durchsetzen zu wollen.
- Wenn ein Pferd auf deine Schenkelhilfe nicht oder gar mit Blockieren reagiert, dann blockierst du selbst und hast dich tunlichst wieder richtig hinzusetzen und all deine Bewegungsimpulse in den Griff zu bekommen.
- Wenn etwas auf dich und dein Pferd zukommt, das dich oder das Pferd erschreckt, versuche nicht, Sicherheit vorzutäuschen, sondern löse die Situation zusammen mit deinem Pferd.
- Wenn dein Pferd eine Strafe oder stärkere Reaktion deinerseits mit dem Stinkefinger quittiert, dann hat es meistens recht und es lohnt sich, die Situation nochmals emotionslos neu zu analysieren. Meist hat man selbst an entscheidender Stelle im Vorfeld etwas getan, was die Situation eskalieren ließ.
- Pferde sind immer stärker als du, und du kannst ihnen nicht genug dankbar sein, dass sie diese Stärke nicht gegen dich einsetzen, auch wenn sie sich ihrer Möglichkeiten bewusst sind.

Als Turnierpferd und auch während meiner Schülerzeit bei unterschiedlichen Trainern machte Eddie mir immer wieder sehr bewusst, wann ich einfach etwas durchsetzen oder beweisen wollte und wann ich tatsächlich im Pferd saß, auf das Pferd hörte und mit ihm in der Bewegung eins wurde und eben das passierte, was Goethe so schön umschrieben hat.

DR. ULRIKE THIEL

… setzt sich für pferdegerechte Ausbildungsmethoden ein und lehrt in Theorie und Praxis diese Form der harmonischen Zusammenarbeit mit dem Pferd. Ihre Arbeit mit Schülern und Pferden baut sie auf den folgenden Vorkenntnissen auf: Trainer B Reiten und Voltigieren, Xenophon Trainer Klassische Reitkultur, Dressurrichterin Basissport, Reittherapeutin und Reitpädagogin (OERKTHR), Behindertenreitlehrerin (OEKTHR/FENA), Ausbildungsleitung Ausbildung Equitherapie (SHP-E NI), staatlich geprüfte Sportlehrerin, klinische Psychologin, körperorientierte Psychotherapeutin, promovierte Psychologin (Lern- und Therapieforschung) mit langjähriger Erfahrung in Forschung und Klinik. Ulrike Thiel schreibt Bücher und Artikel und hält Vorträge.

Weitere Infos:
www.de.hippocampus-nl.com

Der passive Stresstyp neigt zu plötzlichen Überreaktionen, wenn der Stresspegel endgültig zu hoch ist. (Foto: Cornelia Ranz)

JEDES PFERD EIN UNIKAT

STRAHLENDE AUGEN ODER NARBEN AUF DER PFERDESEELE?

VON MARLITT WENDT

Jedes einzelne Pferd ist ein Individuum, es ist die Summe seiner Erfahrungen und Erlebnisse, seiner Gefühle und Talente ebenso wie seiner Schmerzen und Leiden. Für mich als Verhaltensbiologin ist es spannend, die Persönlichkeit des jeweiligen Gegenübers Pferd zu studieren und verborgene Details zu entdecken. Gerade die Unterschiede zwischen den einzelnen Pferden sind es, die so faszinierend sind. Sie sind es aber auch, die eine große Herausforderung bedeuten, wenn etwas einmal nicht so läuft, wie der Pferdebesitzer es sich vorgestellt hat. Gerade die Narben auf der Pferdeseele führen mich so gemeinsam mit dem Pferdebesitzer immer wieder zum Umdenken. Um diese besonderen Pferde und ihre Geschichten soll es im Folgenden gehen.

HERAUSFORDERUNG EINS: PASSIVER STRESSTYP

Die passiven Stresstypen unter den Pferden ticken ein wenig anders als die meisten Pferde der bei uns üblichen, häufigen Pferderassen. Während der klassische aktive Stresstyp auf eine als beunruhigend empfundene Situation mit der typischen Unruhe der Bewegungen, Herumtänzeln und erhöhter Körperspannung und Aufmerksamkeit reagiert, wird der passive Stresstyp bei Stress zunächst immer ruhiger. Diese Ruhe ist aber keine tatsächliche entspannte Gelassenheit, sondern ein anderer Mechanismus, mit Stress umzugehen. Pferde dieses Typs frieren quasi innerlich ein, sie kapseln sich gewissermaßen von der Außenwelt ab und lassen die äußeren Einwirkungen zunächst regungslos mit sehr gedämpfter Mimik und Körpersprache über sich ergehen. Innerlich hoch gestresst, neigen sie jedoch dazu, sich zunächst in sich selbst zurückzuziehen, lange Zeit Stress einzustecken und scheinbar zu kompensieren. Irgendwann einmal reicht dann aber eine Kleinigkeit, um den innerlich brodelnden Stressvulkan zum Ausbruch zu bringen. So kann es geschehen, dass das scheinbar so brave, tatsächlich aber hoch gestresste Schulpony urplötzlich durch ein hinunterfallendes Taschentuch kopflos durchgeht und direkt in einen Zaun hineinrennt. Oder der sonst so brave, aber eigentlich introvertierte und unterdrückte Kaltblüter plötzlich beim Hufschmied gezielt nach dem Menschen zu treten beginnt.

Für mich sind in meiner Arbeit gar nicht diese besonderen Pferdetypen die Herausforderung, denn ich kenne diese Reaktionen sehr gut. Herausforderung für mich ist es, den Menschen deutlich zu machen, dass so viele scheinbar relaxte, gutmütige Pferde nicht ruhig und immer zuverlässig sind, sondern genauso Stress empfinden wie alle anderen Pferde auch, sie diesen nur anders äußern. Es ist nicht immer ganz einfach, dem Laien die Augen zu öffnen für die feinen Details der Stressmimik, und eine Herausforderung, dabei Verständnis zu wecken für die Bedürfnisse dieser Pferde. Sie brauchen Zeit, sich an Situationen zu gewöhnen, sie reagieren auf Druck mit immer mehr Rückzug, sind oft hochsensibel und verfügen über eine oft nur sehr geringe Stresstoleranz.

HERAUSFORDERUNG ZWEI: DEPRESSIONEN UND ERLERNTE HILFLOSIGKEIT

Als Verhaltensexpertin werde ich oft erst dann gerufen, wenn das Kind schon lange in den Brunnen gefallen ist. Es ist eine riesige Herausforderung, ein in erlernter Hilflosigkeit oder gar in Depressionen versunkenes Pferd langsam wieder hervorzulocken und wieder zu einem stolzen, aktiv am Geschehen teilnehmenden Individuum zu machen. Viel zu viele Pferde erleben in ihrem Alltag so viel Stress, ungünstige Lebensbedingungen und Überforderung, dass sie diese Schutzmechanismen ergreifen. Die erlernte Hilflosigkeit führt dazu, dass ein Pferd, das oft genug gemaßregelt und für aktives Verhalten gestraft wurde, immer passiver wird und letztlich lernt, dass es nichts erreichen kann, egal was es probiert. Dies führt zu einer totalen Passivität und Handlungsunfähigkeit, in weiterer Folge zu großem emotionalen Leid und gegebenenfalls zu depressiven Verstimmungen. Die Pferdeseele leidet unter dem harten Umgang, der vielerorts routinemäßig betrieben wird. Irgendwann ist bei all diesen Pferden das Feuer, das Leuchten in den Augen gänzlich erloschen. Überhaupt wieder einen Funken Lebensfreude zu entfachen, wird dann eine Mammutaufgabe. Ich nehme diese Herausforderung immer sehr gerne an, denn es geht darum, solche Pferde Schrittchen für Schrittchen zurück ins Leben zu holen. Lebensfreude entsteht durch Freude, durch liebevolle Berührungen, viele Belohnungen, Anreize durch Futter und durch günstige Lebensumstände. Die betroffenen Pferde haben mir in den vielen Jahren meiner Tätigkeit auch vielfach zum Umdenken und genauerem Hinschauen verholfen. Was bei einem gesunden, normalen Pferd funktioniert, kann bei einem psychisch instabilen oder gar depressiven Pferd ausgeschlossen sein. Da kann es sinnvoll sein, noch viel großzügiger mit Belohnungen umzugehen als ohnehin schon. Ich erinnere mich an eine Stute, die bei der Erstkonditionierung auf den Clicker nicht im Entferntesten auf den Gedanken kam, das angebotene Target zu berühren. Viel zu gefangen in der erlernten Hilflosigkeit, scheute sie eine von sich selbst ausgehende Bewegung. Hier war es nötig, schon die Augenbewegungen, den Blick zum Target zu belohnen, dann ein leichtes Hinwenden des Kopfes oder später eine zaghafte Berührung mit den Lippen. Jede leichte Bewegung des Menschen wurde von ihr als Zurechtweisung interpretiert und katapultierte sie sofort zurück in ihre Starre. Dieses Ereignis ist inzwischen fast 20 Jahre her. Es hat mir verdeutlicht, dass es sehr viele Pferde gibt, die Bestätigung und Zuspruch einfach für ihr pures Dasein und jede kleinste Eigeninitiative benötigen. Nur so können auch aus diesen Pferden wieder stolze, starke Persönlichkeiten werden.

HERAUSFORDERUNG DREI: PFERDE, AN DENEN SCHON VIELE HERUMPROBIERT HABEN

Leider sind es gerade die besonderen Pferde, an denen sich sicher auch in guter Absicht viele Profis probieren und letztlich auch teilweise profilieren wollen. Nur zu oft geht es dann nicht mehr um das Pferd und seine Bedürfnisse, sondern um das Ego des Trainers oder Besitzers. Da soll der notorische Steiger „korrigiert“ werden, und über aberwitzige Konstruktionen werden Pferde ruhiggestellt und an den Reiter „gewöhnt“. Diese Pferde gehen oft durch viele verschiedene Hände und mit jedem Wechsel entsteht ein weiteres Problemfeld. Meist haben die Pferde durch die vielen negativen Erfahrungen und ungünstigen Situationen eigene Strategien manifestiert, die wiederum für den Menschen sehr gefährlich sein können. Gerade wenn die Problemfelder sich nicht „nur“ auf das Reiten beschränken, sondern den gesamten Umgang überschatten, ist guter Rat teuer. Die Herausforderung ist dann die Erarbeitung von überhaupt gangbaren Wegen und Lösungsmöglichkeiten, bei denen weder Mensch noch Tier gefährdet werden. So habe ich in der Vergangenheit durchaus die Erfahrung gemacht, dass weniger oft mehr ist und Zeitdruck fehl am Platze ist. Besitzer und Trainer müssen dann komplett umdenken, um alte Verhaltensmuster zu durchbrechen, neue Ausbildungswege zu gehen und Stress zu vermeiden. Vielen Pferden tut es da gut, wenn komplett umgedacht wird und beispielsweise mit völlig neuer Ausrüstung und Ausbildungsmethode von vorn begonnen wird und quasi wie beim Jungpferd die Ausbildung mit viel Lob und Erfolgserlebnissen vollzogen wird. Erst wenn man den Wechsel gewagt hat, weiß man, was jahrelang gefehlt hat.

HERAUSFORDERUNG VIER: MISCHEN VON AUSBILDUNGSMETHODEN

Eine für mich große Herausforderung ist überhaupt der Wechsel zur positiven Verstärkung in der Ausbildung. Als Trainerin möchte ich diese Art der Pferdeausbildung verbreiten und möglichst vielen Pferd-Mensch-Teams einen Zugang dazu verschaffen. Es ist aber leider ein langwieriger Prozess, von traditionellen Wegen abzuweichen und sich neuen Methoden zu öffnen. Daneben bedarf es viel Übung und lerntheoretischem Fachwissen, um eine neue Ausbildungsform überhaupt korrekt und pferdegerecht anwenden zu können. Daher kommt es auf dem Weg zur positiven Verstärkung im Pferdetraining zum Mischen der unterschiedlichsten Methoden. Dabei wenden die Besitzer oft bunt zusammengewürfelte Ausbildungsformen parallel an, die sich allerdings teilweise gegenseitig hemmen und behindern. Viele Pferde sind dadurch verwirrt und reagieren in der Übergangsphase überhaupt nicht mehr auf eigentlich bereits gelernte Signale. Aus meiner Sicht ist es daher eine große Herausforderung, den Besitzer zum Umdenken einzuladen und ihm die ständig stattfindenden Lernmechanismen und was das Pferd dabei empfindet bewusst zu machen. Nur so kann eine gemeinsame Basis der Interaktion entstehen. Ich erinnere mich dabei an einen Fall, bei dem der Wechsel von hauptsächlich negativer Verstärkung zu positiver Verstärkung zunächst dazu führte, dass das Pferd überhaupt nicht mehr bereit war, dem Besitzer zu folgen. Es entzog sich völlig in Passivität. Der Lernprozess für den Besitzer war es, zu akzeptieren, dass letztlich alles, was er vor dem Wechsel mit seinem Pferd gemacht hat, nur auf Druck basierte und das Pferd freiwillig eben gar keinen Kontakt zum Menschen wünschte. Hier musste das Vertrauen erst wieder langwierig erarbeitet und die Motivation für ein neues positives Miteinander entfacht werden.

HERAUSFORDERUNG FÜNF: EXTREME PFERDETYPEN PASSEN HÄUFIG NUR ZU BESTIMMTEN PERSONEN

So schön es auch ist, dass immer mehr unterschiedliche Pferderassen aus allen Teilen der Welt in Deutschland zu finden sind, es ist für mich als Profitrainer eine Herausforderung, die Menschen mit ihrer Wahl für ein bestimmtes Tier zu begleiten. Oft genug werden Pferde nämlich nach Schönheit ausgewählt oder es wird bestimmten Modetrends nachgeeifert. Da wurde dann in den 1990er-Jahren oft genug der bildhübsche zarte Vollblutaraber angeschafft, während zehn Jahre später der puschelige Tinker voll im Trend lag. Auch gibt es immer viele Menschen, die ein Faible für die riesigen, kräftigen Kaltblüter haben oder aber oft für die eleganten, schnellen englischen Vollblüter. Gegen unterschiedliche Geschmäcke ist bei echtem Interesse und Liebe zu den Tieren natürlich nichts zu sagen. Es ist allerdings immer dann eine Herausforderung, wenn dem Besitzer nicht bewusst ist, dass extreme Rassen meist auch vom Wesen her anders sind als das gewohnte durchschnittliche deutsche Warmblut. Ein englischer Vollblüter ist eben als Rennpferd gezüchtet und auf Reaktivität und Schnelligkeit selektiert und stellt den Besitzer vor andere Herausforderungen als der für die Schrittarbeit vor dem Wagen gezüchtete Kaltblüter. Nur wer als Mensch bereit ist umzudenken und sich auf den Charakter des Individuums einlässt, der auch immer Charaktermerkmale des Rassetyps beinhaltet, wird mit diesen für uns ungewöhnlichen Pferdetypen glücklich. So niedlich Shettys sind oder so imposant Shire Horses, beide sind, sowohl was die speziellen Haltungsbedingungen erfordern als auch, was den Umgang angeht, häufig eine größere Herausforderung, als landläufig vermutet wird. Für mich ist es daher wichtig, unvoreingenommen zu beobachten, wie sich das Tier typischerweise verhält und ob seine Charaktereigenschaften wirklich zum Gegenüber Mensch passen.

HERAUSFORDERUNG SECHS: DER UNBERECHENBARE FAKTOR MENSCH

Die letztlich größte Herausforderung für mich als Verhaltensprofi sind nicht die Pferde, sondern deren Menschen. Die Menschen sind es, die an ihren eingefahrenen Vorstellungen festhalten, die nur bedingt lernbereit sind und sich oft nur schlecht auf Neues einlassen können. Es gilt für mich, die Menschen zu informieren und ihnen Pferdemimik und Körpersprache, Lernverhalten und Sinnesphysiologie der

Umso schöner ist es dann, wenn sie dem Menschen ihr Vertrauen schenken. (Foto: Cornelia Ranz)

Pferde ebenso näherzubringen wie das Wissen um die praktische Anwendung wissenschaftlich belegbarer und sanfter Ausbildungsmethoden. Viele Besitzer sehen dabei zunächst nur „das Problem" und auf der anderen Seite „das Ziel", sie wollen möglichst schnell und direkt eine „Reparaturmaßnahme" vornehmen und dann ihre eigenen Träume und Ideen umsetzen. Damit überhaupt ein Miteinander entstehen kann, sind viele kleine Schritte nötig. Daneben muss man bedenken, dass jegliche Problemfelder von sogenannten schwierigen Pferden sehr vielschichtig sind und zusätzlich dicht mit dem Faktor Mensch verwoben sind. „Mal eben schnell" gemachte Lösungen können nur lückenhaftes Flickwerk sein und nicht zum Korn dor Situation vordringen. Ich vergleiche die Arbeit mit schwierigen Pferden gern mit den Fähigkeiten als Handwerker: Klar ist das Dachfenster auch erst mal dicht, wenn man es mit Silikon zuschmiert, sinnvoller wäre es aber, einen passenden Rahmen zu besorgen und es fachmännisch einfassen zu lassen. Es ist halt immer die Frage, wem die Ausbildung des Pferdes etwas nützt: Bringt sie das Pferd mit seiner einzigartigen Persönlichkeit zum Leuchten und Strahlen oder ist sie reines Flickwerk im Sinne des Menschen? Für uns sollte doch immer das Glück und die Zufriedenheit des Pferdes die höchste Priorität haben.

MARLITT WENDT

... ist als Verhaltensbiologin auf das Verhalten von Pferden spezialisiert und beschäftigt sich insbesondere mit der Kommunikation zwischen Pferd und Mensch, dem Lernverhalten von Pferden und der Arbeit mit positiver Verstärkung.

Mehr über ihre Arbeit und ihre Bücher unter **www.pferdsein.de**

BUCHTIPP:

Marlitt Wendt

Im Dialog mit dem Pferd

Cadmos Verlag

ISBN 978-3-8404-1016-1

9,95 €

ZUGFEST, FROMM UND FEHLERFREI

LEBEN UND ARBEITEN MIT PFERDEN MITTE DES 20. JAHRHUNDERTS IM THÜRINGER BECKEN

VON KATHARINA MÖLLER

Ganz links sitzt Opa Ernst auf dem Ackerwagen mit Grasmäher, 1955. (Foto: Inge Möller)

Ernst und Inge Möller sind über 80 und die Großeltern meines Mannes. Sie haben uns das Grundstück vererbt, auf dem unsere Pferde heute in moderner Offenstallhaltung leben und wir unsere Reitausbildung abhalten. An unsere Pferdehaltung, den Umgang und die Probleme, die viele unserer Kundenpferde so mitbringen, mussten sie sich erst gewöhnen. Wie anders das Pferdeleben früher lief, haben sie mir heute erzählt.

Ernst Möller und sein bereits verstorbener Zwillingsbruder sind 1933 im thüringischen Dielsdorf geboren. Die Familie hat neben der Landwirtschaft mit 19,5 Hektar auch eine Hengststation und züchtet thüringische Kaltblüter, später auch Warmblutpferde. Seine Frau Ingo, geborene Götze, wächst auf einem Hof im benachbarten Schloßvippach auf. Während des Krieges wird ihr Vater vermisst, deswegen müssen Mutter und Kinder den Hof allein bewirtschaften.

LANDWIRTSCHAFT WÄHREND DES ZWEITEN WELTKRIEGS

Wie und wann er reiten gelernt hat, kann Ernst Möller gar nicht mehr sagen. Bereits als Kind ging er hinter den Pferden an der Drillmaschine übers Feld. *„Das war damals ganz normal"*, sagt Oma Inge. *„Die Väter waren im Krieg, oft haben die Kinder die Landwirtschaft zusammen mit den Großeltern übernommen."* Zwei Kaltbluthengste und zwei Stuten sowie deren Fohlen hatte Familie Möller. Jeweils zu zweit wurden diese angespannt, um die Felder zu schleppen, zu eggen und die Saat zu drillen. Zur Bekämpfung von Unkraut wurde außerdem gestriegelt und gehackt. *„Weizen, Gerste, Hafer, Roggen und Rüben wurden angebaut. Außerdem Kartoffeln, Luzerne, Rotklee, Futterroggen und Hülsenfruchtgemenge. Rüben gesetzt haben wir einspännig, und vor dem Getreidebinder brauchte man drei Pferde."* Dabei war natürlich sehr viel Handarbeit gefragt, aber es kamen auch viele Maschinen zum Einsatz, die innerhalb der Dorfgemeinschaft ausgetauscht und gemeinsam genutzt wurden. Die Großeltern haben zahlreiche Fotos und erklären meinem Mann und mir genau, welchen Zweck welche Maschine hatte. Mich interessieren die Pferde auf den Fotos natürlich mehr.

„Haben die Pferde jeden Tag gearbeitet?", frage ich.

„Ja, wirklich jeden. Es gab rund ums Jahr immer etwas zu tun, wir haben alle Transporte mit den Pferden gemacht. Zur Mühle waren es acht Kilometer einfache Strecke", antwortet Opa. Die Pferde haben schwer gearbeitet: *„Zwei Pferde haben drei Tonnen Rüben gezogen. Und im Winter haben wir Mist gefahren. Im tiefsten Schnee wurde der Mist auf Schlitten geladen und dann auf unsere entferntesten Felder gefahren, vormittags eine Fuhre und nachmittags noch mal."*

Oma ergänzt: *„Das Sprichwort sagt: Wenn der Bauer nichts zu tun hat, dann fährt er Mist."*

Wenn an einzelnen Tagen einmal gar nichts gearbeitet werden konnte, dann wurden die Pferde im elterlichen Vierseitenhof geführt. *„Immer rund um den Misthaufen"*, sagt der Rentner schmunzelnd.

Auch nach dem Krieg hat sich an der Arbeit zunächst nicht viel geändert. *„Ab 1946 gab es das Pflichtsoll und die freien Spitzen. Geld verdient zum Leben hat man nur, wenn man freie Spitzen erwirtschaftet hat."* Dazu wurde möglichst effizient gearbeitet. Zum Pflügen fuhr Familie Möller mit zwei Gespannen *„Die Hengste haben einen Dreischarpflug gezogen und die Stuten dahinter einen Zweischarpflug. Mein Bruder und ich haben das erste Gespann gelenkt und meine Eltern passend versetzt das zweite. So kamen wir dank guter Arbeitsbreite zügig voran."* Die Jungs waren immer für Tempo zu haben. Beim Getreideladen beispielsweise waren sie schneller als die Eltern, bis die Fuhre in einem tiefen Weg nach dem Regen in eine Rinne rutschte und umkippte. Den Pferden war kein Vorwurf zu machen.

ALLTAG

Die Pferde standen in Anbindehaltung, also in Ständern. *„Um fünf Uhr früh wurde zum ersten Mal gefüttert, außerdem mittags und abends noch mal. Mein Bruder war für die Kühe verantwortlich und ich für die Pferde"*, erklärt Opa. Danach wurde gemistet und geputzt. Zu fressen gab es Hafer, außerdem Weizenspreu, Stohhäcksel, Luzerneheu und Wiesenheu. *„Wir hatten einen halben Hektar Wiese, die wurde zweimal im Jahr gemäht. Auf die Koppel, wie deine Pferde heute, kamen die Pferde nicht."*

Ich rechne kurz, ein halber Hektar für vier Pferde ergibt nicht besonders viel Heu, gemessen an unserer heutigen Vorstellung von Pferdefütterung. Deswegen vermutlich wurden Spreu und Strohhäcksel gefüttert, denn die Pferde brauchten neben der Energie für die schwere Arbeit ja naturgemäß dennoch genügend Rohfaser für ihre Verdauung. *„Koliken gab es schon immer mal"*, erwähnt Oma. Aber auf meine Frage, ob Pferde häufig daran starben, schütteln beide den Kopf. *„Wenn ein Pferd vorzeitig gestorben ist, war das ein schlimmer Verlust für den Betrieb"*, sagt Inge. Das verstehe ich und will wissen, wann und woran die Pferde denn für gewöhnlich gestorben sind. Die Frage ist offenbar gar nicht so einfach zu beantworten. *„Die waren alt. Sie gingen irgendwann nur noch Schritt und sind dann eben gestorben."*

„Gab es angeschwollene Beine? Haben die Pferde gelahmt?", hake ich nach. Opa verneint, so was hat er nie erlebt.

Lona und Nimo ziehen den Jauchewagen, auf dem Bock sitzt Urgroßvater Erich, ca. 1960. (Foto: Inge Möller)

„Die Pferde waren immer fit, sie haben gearbeitet bis zum Schluss. Bella z.B. wurde 20 Jahre alt und hatte 12 Fohlen“, sagt er.
Als ich später nach seinem Lieblingspferd frage, nennt er die Staatsprämienstute Lona. Sie starb eines Nachts während des Abfohlens.

PFERDEZUCHT

Ernsts Großvater war Geschäftsführer des in Dielsdorf gegründeten Pferdezuchtvereins. In der örtlichen Schmiede wurden nicht nur die Pferde beschlagen, sondern es fanden dort auch die Stutbuchaufnahme, Nachzuchtbewertung und Körungen statt. Die Kommission kam vom Weimarer Zuchtbuchamt und die Fohlen wurden mit einem Tannenbaumsymbol gebrannt. Besonders interessant waren die Zugleistungsprüfungen: *„Die Pferde wurden an eine Schleppe mit 200 kg Gewicht gespannt, die mussten sie dann 200 bis 400 m weit ziehen. Auf der Hälfte wurde angehalten und die Atmung gezählt. Die haben ganz schön gepumpt. Besonders das Anziehen haben wir auch gezielt geübt“*, erzählt Opa. Auf einem alten Dokument zeigt er mir, dass in den schweren Jahren der Inflation 1923/24 das Deckgeld zwei Zentner Hafer betrug, die mit 30 000 Mark bewertet wurden.
Zwischen 1940 bis 1950 gab es Deckzwang, das heißt, dass jede gehaltene Stute auch gedeckt werden musste. So kamen etwa 60 Fohlen pro Hengst im Jahr zur Welt. *„Die tragenden Stuten haben gearbeitet bis zur Geburt. Danach haben wir die Fohlen bei der Feldarbeit daheim im Stall gelassen.“* Ich will wissen, wie die Aufzucht ablief. *„Die Fohlen waren im Tiefstall, also in Buchten. Sie haben sich auch im Hof bewegt, aber es gab kaum Koppelgang wie heute. Das Grünfutter wurde gesenst und daheim gefüttert.“* Mit etwa drei Jahren wurden die Pferde angespannt. Zahlreiche Fotos zeugen von den Zuchtschauen. *„Klassifiziert wurden die Pferde nach ihrem Exterieur“*, sagt Opa, und sie bekamen die Hengste immer für vier Jahre auf ihre Station.

PROBLEMPFERDE?

Ich frage Opa, ob sie bei der Ausbildung der Pferde oder auch im täglichen Umgang Probleme hatten und wie sie die gelöst haben. Er schüttelt den Kopf: *„Wir haben unsere Pferde*

(Foto: Inge Möller)

selbst gezogen. Die haben keine Probleme gemacht. Die waren ja den Umgang mit uns von Fohlen an gewöhnt. Es wurden von Anfang an täglich die Hufe aufgenommen und mit den Pferden im Hof hantiert.“ Außerdem seien die Kaltblüter eh gutmütig gewesen. Probleme habe es höchstens in späteren Jahren mal mit den Warmblütern gegeben. *„Und bei den Schloßvippachern!“*, fällt ihm ein. Oma Inge lacht: *„Ja, unsere Pferde waren problematisch. Wir haben die von einem Schwager oder von Zigeunern gekauft. Zugfest, fromm und fehlerfrei hätten die angeblich sein sollen, und dann gingen die rückwärts statt vorwärts! Mein Vater war im Krieg vermisst, meine Mutter war ganz allein, und dann wurden ihr solche Verbrecher angedreht.“*

Ich frage, wie sie damit umgegangen sind, wenn die Pferde nicht angezogen haben.

„Mit Verlust wieder eingetauscht“, sagt Oma. Trainiert in dem Sinne haben sie selbst die Pferde nicht.

Opa fallen dann doch noch Situationen ein, später, während der landwirtschaftlichen Berufsschule. Ein Pferd namens Golf z.B., der ging auch rückwärts statt vorwärts. Dem habe der Sohn vom Chef eine mit der Kleestange verpasst. *„Es ging nicht immer im Guten“*, sagt er entschuldigend. Danach lief Golf aber immer ohne Probleme.

„Und wie war das mit den Hengsten und Stuten?“, will ich wissen. *„Ich sehe hier auf den Fotos, dass ihr die problemlos nebeneinander stehen habt.“*

„Na ja, in der Decksaison waren die Hengste ein bisschen aufgeregt“, sagt Opa, *„aber das restliche Jahr ging das gut. Die waren einfach ausgelastet.“*

Inges Oma hat ein Pferd einmal die Nase gebrochen. Sie wollte das Tier verarzten, und dabei hat es ausgeschlagen. Ich erwähne, dass die Pferde heute vor kritischen Behandlungen sediert werden. *„Das gab es damals natürlich nicht“*, erwidert Oma. *„Sie hat überlebt, aber war danach entstellt.“* Im Buch ihrer Ahnen, das Inge erstellt hat, gibt es noch Fotos von der Frau vor dem Unfall. Auch zahlreiche Pferde sind zu sehen, vor allem aus den Jahren, in denen Opa Ernst fotografiert hat. „Die Pferde habe ich für das Foto absichtlich zusammen in den Hof gestellt“, sagt er.

Mir fällt der wache Augenausdruck auf. Alle Pferde sehen gut in Schuss aus. Bei einem einzigen Pferd in seinem Album sehe ich lange Haare am Bauch und eine etwas seltsame Figur, die mich an das Cushing-Syndrom denken lassen.

LÄNDLICHER REIT- UND FAHRSPORT IN DER DDR

Immer wieder frage ich, ob und wann Opa denn geritten ist, aber er sagt, er sei nicht viel geritten. Sein Zwillingsbruder Herrmann sei geritten. *„Einer musste ja auch zu Hause nach den Tieren sehen und immer zum Füttern daheim sein. Das konnten wir die Eltern nicht allein machen lassen“*, sagt er. Also ritt der Bruder Turnier. Die fanden in den 50ern und 60ern sonntags statt, wobei die Pferde häufig schon Samstagabend zum Veranstaltungsort geritten oder gefahren wurden. Die Turniere fanden dann etwa auf einem Rasensportplatz statt und wurden in Springen, Dressur und Fahren ausgetragen. *„Unser bestes Pferd war Nimo, hier auf dem Foto hat er den ersten Preis gewonnen. Er wurde von einem Dressurreiter gezüchtet, der bis M-Dressur ritt, aber weil Nimo den Schweif schief trug, haben wir ihn bekommen. Zum Fahren war er prima.“* Auf meine Frage, wie man reiten gelernt hat und ob irgendjemand das beruflich gemacht hat, zucken die Großeltern nur die Schultern. *„In Kleinbodungen gab es eine Ausbildungsstätte mit Lehrgängen, aber das ging auch nur ein oder zwei Jahre so. Überhaupt gab es diesen bäuerlichen Reitsport nur etwa zehn Jahre lang.“*

DAS ENDE DER PFERDE

Mit Einführung der LPG (Landwirtschaftliche Produktionsgenossenschaft) Typ II im Jahr 1967 mussten alle Pferde abgegeben werden. Die zentralisierte Landwirtschaft wurde mechanisiert und damit wurden die Pferde abgeschafft. Seitdem hat Opa kein Pferd mehr gehabt. Freizeitreiterei fand hier für eine sehr lange Zeit nicht statt. An manchen LPGs gab es damals angegliederte Reitvereine, aber hier vor Ort war das nicht der Fall und so hatte Opa keinen Zugang mehr zum Pferd. *„Erst mit dir ging das hier wieder los“*, sagen die Großeltern schmunzelnd. Und so weiden auf den Flächen, die Urgroßvater Erich noch mithilfe von Bella, Lona, Nimo und den anderen bestellt hat, heute unsere Freizeitpferde.

KATHARINA MÖLLER

Ihre Passion ist die klassische Reiterei. Im Ausbildungsstall „An den Hofstätten“ bei Erfurt/Thüringen können sich Freizeitreiter mit ihren Pferden sowie Reitlehrer fortbilden. Außerdem gibt sie deutschlandweit Kurse. Weitere Informationen und Termine finden Sie auf ihrer Internetseite:

www.klassische-reiterei.com und **www.longieren-als-dialog.de**

Kräuterfütterung ist nicht immer „bio“; oft sind Kräuter pestizidbelastet. Außerdem variiert der Gehalt an Mengen- und Spurenelementen teilweise stark. (Foto: Chamille White/ Shutterstrock.com)

MINERALFUTTER

Brauchen Pferde Mineralfutter? An dieser Frage reiben sich Pferdebesitzer, befeuert von verschiedenen Diskussionen auf der Stallgasse oder im Internet. Profis oder solche, die gern welche wären, vertreten verschiedenste Meinungen: Beim Thema Mineralfutter hört häufig der Spaß und auch die Freundschaft auf.

VON CONSTANZE RÖHM

Kaum ein Thema wird im Pferdebereich dermaßen heiß diskutiert wie die Frage der Mineralstoffzufuhr. Und in kaum einem Thema sind die Fronten so eindrücklich, die Diskussionen so vehement und die echten Informationen so dünn gestreut. Und mit kaum einem Zusatzfuttermittel lässt sich so viel Geld verdienen und so viel Schaden anrichten wie mit dem Mineralfutter – oder der Abwesenheit des Mineralfutters.

Braucht ein Pferd Mineralfutter?

Das ist die Kernfrage, um die es eigentlich geht. Und die Antwort auf die Frage lautet: vielleicht. Denn ob und wie viel zusätzliches Mineralfutter ein Pferd braucht, ist abhängig von der Art des Pferdes, der genetischen Varianz, der Haltung und Nutzung und von der Gesamtration. Denn die Gesamtration ist der Hauptnährstofflieferant. Nicht nur für die Kohlenhydrate und das Eiweiß, sondern auch für alle Mengen- und Spurenelemente sowie die Vitamine.

Das Blutbild gibt eine erste Idee davon, ob dem Pferd etwas fehlt. Allerdings ist und darf das Blutbild allein nicht der ausschlaggebende Punkt sein, ein Mineralfutter auszuwählen. Viele Nährstoffe sind zwar im Blutbild abgebildet, jedoch ist es kein zuverlässiger, allumfassender Anhaltspunkt, sondern vor allem eine Tendenz. Die Resorption der Mengenelemente ist in großen Teilen hormongesteuert. Das bedeutet, dass ein gesunder Pferdekörper nicht alles aufnimmt, was da ist, sondern es durchaus selbst je nach Bedarf reguliert. Das schützt vor Überversorgung. Erst wenn der Körper aus dem Tritt gerät oder krank wird, vielleicht auch durch Überernährung, kommt es zu Schaukelbewegungen zwischen den Mengenelementen.

Bei den Spurenelementen ist es diffiziler. Auch sie sind verschiedenen natürlichen Schwankungen unterlegen. Anders als bei den Mengenelementen ist die Speicherkapazität dieser Nährstoffe im Pferdekörper begrenzt und die Resorptionssorte je nach Wichtigkeit entweder sehr großflächig oder sehr speziell. Spurenelemente sind Verbrauchselemente, die in kleiner Menge spezifische Aufgaben erfüllen. Das bedeutet, dass ein Blutbild durchaus zum Beispiel auf einen Zink- oder Selenmangel hindeuten kann.

Jedoch ist das ein tendenzieller und kein absoluter Wert. Es ist also in keinster Weise sinnvoll, nur auf das Blutbild zu schielen und bei einem Zink- oder Selenmangel dieses einfach beizufüttern. Im Gegenteil: Hier greift das 3-Säulen-Modell, bestehend aus dem Blutbild, dem klinischen Erscheinungsbild des Pferdes und der Futteranalyse. Denn nur weil etwas im Blutbild zu niedrig ist, heißt es nicht, dass es nicht da ist. Das Pferd könnte auch krank sein.

Das bedeutet, dass die Wahl des geeigneten Mineralfutters nicht damit beginnen sollte, den schönsten Eimer auszuwählen oder das Internet zu konsultieren, sondern damit, sein Raufutter analysieren zu lassen und gleichzeitig den Bedarf des Pferdes zu quantifizieren. Ohne diese Werte ist die Wahl des Mineralfutters ungefähr so zuverlässig wie die Zahlenvorhersage beim Roulette. Je genauer man füttern möchte, desto genauer sollte man hinschauen. Und zwar sowohl auf das Heu als auch im Zweifelsfall auf das Weidegras, wenn diese sehr unterschiedlich sind. Das bedeutet im Klartext, dass man die Raufuttermittelanalyse heranziehen muss. Denn damit macht man sichtbar, was in der Hauptfütterung seines Pferdes überhaupt in welcher Menge vorhanden ist. Dabei gibt es keine zuverlässigen Ziel- oder Sollwerte für Heu. Es geht darum, greifbar zu machen, was im Heu oder auch im Gras enthalten ist. Zu einer umfassenden Heuanalyse gehören die Werte der Mengenelemente Kalzium und Phosphor, Kalium und Natrium sowie Schwefel, wenn möglich. Dazu natürlich die grundsätzlichen Werte der metabolisierbaren Energie (ME MJ) und des dünndarmverdaulichen Eiweißes (dvRP). Und auch das Wasser ist einen Blick wert. Die Mengenelemente werden immer in Gramm quantifiziert, die Spurenelemente entweder in Milligramm (mg) oder Mikrogramm (mcg). Multipliziert man sie mit der aufgenommenen Menge, weiß man, wie viel ins Pferd wandert.

Natürlich muss man sich auch die restlichen Futtermittel ansehen, die gefüttert werden. Denn jedes Futtermittel enthält Nährstoffe. Ob Hafer oder Gerste, Heucobs oder Müslifuttermittel und auch Mash – es geht um die gesamte Tagesration eines Pferdes. Der Kalzium- und Phosphorbedarf sind in der Regel durch eine normale Heuration gedeckt. Schwierig wird es jedoch, wenn das Verhältnis von 2 : 1 bis 3 : 1 nicht stimmt oder das Pferd trotz besseren Wissens des Besitzers zu wenig Raufutter erhält. Dann kann es sein, dass das Verhältnis nicht stimmt oder es auch einen Mangel geben könnte. Wahrscheinlicher ist jedoch heutzutage ein hoher Kalium- und ein sehr niedriger Natriumwert. Letzterer ist durchaus beachtenswert, denn je nach Anbauregion kann es sein, dass das Raufutter selbst bei einer Ad libitum Ga be nur 25 bis 35 Prozent des täglichen Bedarfs deckt. Der Schwefelgehalt hingegen sollte durch eine normale Ration gedeckt sein. Es sei denn, das Heu ist enorm eiweißarm mit < 30 g dvRP und das Pferd hat einen genetisch bedingten Mehrbedarf, zum Beispiel

Was braucht mein Pferd außer Heu und Hafer? Um Mineralfutter ranken sich Mythen und Märchen … (Foto: Christiane Slawik)

durch ein besonders ausgeprägtes Haarkleid oder auffällig viel Muskulatur. Bei den Spurenelementen sind die Varianzen hingegen sehr viel größer. Die Spurenelementgehalte von Eisen, Zink, Mangan, Kupfer, Jod, Selen und Kobalt sind von verschiedenen Faktoren abhängig. Einerseits benötigt die Pflanze nur eine gewisse Menge des jeweiligen Spurenelements und reichert das jeweilige Spurenelement nicht unbegrenzt an Andererseits ist es der Pflanze natürlich nur möglich, das einzulagern, was im Boden auch enthalten ist. Sind die Böden also stark genutzt – und das gilt sowohl für die Nutzung als Mähweide, aber auch als Weideland – oder wurde nicht ausreichend nachgedüngt, sondern nur entnommen, kann der Spurenelementanteil in der Grünkonserve sehr gering sein. Oder sehr hoch, wenn sehr viel und gut nachgedüngt wurde. Das kann dafür sorgen, dass Heu, was von ungedüngten Flächen stammt, zwar sehr zuckerhaltig, aber sehr arm an Mengen- und Spurenelementen sein kann. Man kann also nicht allein vom Hinsehen ablesen, wie es um den Gehalt an Mengen- und Spurenelementen bestellt ist.
Sobald klar ist, was im Hauptfutter des Pferdes enthalten ist, sucht man sich ein passendes Mineralfutter. Der Markt bietet heutzutage mehrere Hundert Mineralfutter zu unterschiedlichsten Preisen an. Das günstigste Mineralfutter kostet knappe 2 Euro pro kg. Das teuerste schlägt aktuell mit beinahe 60 Euro pro kg zu Buche. Die Mischungen sind sehr unterschiedlich auf verschiedene Szenarien zugeschnitten, weswegen ein Pferdebesitzer von der Vielfältigkeit häufig überfordert ist. Dabei ist es ganz einfach, ein passendes Mineralfutter zu finden, wenn man verstanden hat, wie ein Mineralfutter entsteht.

Wie baut man ein Mineralfutter?

Mineralfutter entstehen am Reißbrett. Es sind schlicht und ergreifend Rechenmodelle. Der Rezeptmacher ist in der Regel ein wissenschaftlich geschulter Vollprofi – zumindest bleibt das zu hoffen. Dieser definiert nun einen oder mehrere Pferdetypen, Altersstufen und auch die Nutzung und setzt sie in den Kontext eines „Grundszenarios“, also einer gewissen Menge an Futteranalysen, aus der eine sinnvolle Schnittmenge gezogen wird. Diese stammen von Raufutter, in der Regel aus einer Region Deutschlands. Man erkennt gewisse Tendenzen und Unterschiede zwischen den meisten Produkten aus Nord, Süd, Ost und West, aber auch zwischen Flachland, Flussebene und höher liegenden Gebieten mit speziellen geologischen Besonderheiten. Je weiter man die Zielgruppe fasst, desto ungenauer und beliebiger wird ein Mineralfutter. Das macht es natürlich nicht schlechter, nur oft weniger auf den Punkt passend. Das bedeutet, dass man immer einen Kompromiss eingehen muss. So kommt es dazu, dass Mineralfutter von großen Herstellern oft auf ein klassisches Heu-Hafer-Szenario eines gewissen Heutyps zugeschnitten sind. Dazu kommt der Faktor der Bulkproduktion. Es werden also sehr große Mengen produziert, was den Einkauf der Rohstoffe günstiger macht. Ein günstiges Produkt ist also nicht automatisch ein billiges oder schlechtes Produkt.
Zu den Grundszenarien gehört auch der Bedarf. Die meisten lehnen sich daher an die Grunddefinitionen des Bedarfs aus den Standardwerken zur Pferdeernährung in Deutschland an. Das heißt, sie definieren den Pferdetyp, Haltung und Nutzung und auch den daraus entstehenden Bedarf. Und aus diesen Daten generiert der Produktdesigner das entsprechende Produkt. Deswegen sehen Produkte, die zum Beispiel für den nordamerikanischen Raum produziert werden, völlig anders aus als deutsche Produkte. Gleiches gilt auch für französische oder skandinavische Produkte. Welche Formen der Rohstoffe in welcher Menge verwendet werden dürfen, ist im Übrigen gesetzlich geregelt, das heißt, der Rezeptemacher ist zudem gewissen Regularien unterworfen
Es gibt natürlich auch viele mittelgroße und kleinere Unternehmen, die Mineralfutter herstellen. Diese „bestellen“ häufig aufgrund von Nachfrage eine Rezeptur bei einem freien Rezeptdesigner, da sie

keine eigenen Fachleute beschäftigen können. Diese Rezepte sind oft auf andere Szenarien und viel engere Zielgruppen hin ausgelegt. Durch die geringere Produktionsmenge und vielleicht hier und da auch sehr teure Einzelrohstoffe ist der Preis oft deutlich höher und bewegt sich im Bereich von 10 bis 20 Euro pro kg. Allerdings muss die Zusammensetzung natürlich trotz alledem zum Grundfutter passen. Ein teures Mineralfutter ist also nicht automatisch das beste in der jeweiligen Situation.
Und dann gibt es wie in jedem Markt die schwarzen Schafe. Manche verkaufen ein Produkt, was sie in Lohnarbeit bei dem größten deutschen Futtermittelwerk produzieren lassen, mit enormer Gewinnmarge, obwohl es extrem günstig eingekauft wird und die Rohstoffe auch eher günstig sind. Vergleicht man die Rezeptur mit derjenigen der Hausmarke des Produzenten, sind die Abweichungen minimal, aber der Preis beträgt das Zehnfache. Oder der andere betitelt eine nicht weiter analysierte Kräutermischung als „Mineralfutter" – wohl wissend, dass es das nicht ist – und nimmt damit sehenden Auges mögliche Mangelerkrankungen des Pferdes seines Kunden in Kauf.

Woran erkenne ich ein gutes Mineralfutter?

Ein gutes Mineralfutter erkennt man vor allem daran, dass es zu seinem Pferd, der Nutzung und vor allem zu der restlichen Ernährung passt. Dazu muss es korrekt deklariert sein. Die analytischen Bestandteile und die Zusatzstoffe müssen ausgewiesen sein und zudem sind eine Registriernummer sowie das Mindesthaltbarkeitsdatum aufgedruckt. Auch die Tagesdosis und der Einsatzbereich müssen deklariert sein.

Handelt es sich um kräuter- oder algenbasierte Futtermittel, greifen diese Regeln nur bedingt. Daher muss man als Kunde auf eine aktuelle Gesamtdeklaration des erworbenen Produkts bestehen. Denn das Problem mit all den natürlichen Stoffen ist schlicht, dass sie in der Zusammensetzung stark variieren können. Genau wie bei Heu und Gras sind die Inhaltswerte abhängig von den Bodenbeschaffenheiten, der Düngung und dem Erntezeitpunkt. Besonders bei Kräutern sollte man zudem beim Hersteller oder Verkäufer eine Analyse hinsichtlich der Pestizidbelastung und der kritischen Spurenelemente wie Selen und Jod anfordern. Ähnlich ist es bei den Algen. Je nachdem, wie der Nährstoffgehalt des Wassers war, können gerade Salzwasseralgen sehr variabel im Bereich der Spurenelemente sein. Und zwar in beide Richtungen. Kräuter werden

heutzutage in Monokulturen angebaut. Die oftmals romantische Vorstellung, dass Kräuter von Hand auf artenreichen Weiden gepflückt werden, ist schlicht und ergreifend falsch. Das bedeutet, dass bei vielen Kräutern durchaus ansehnliche Pestizid- und Insektizidmengen eingesetzt werden. Möchte man also versuchen, mit Algen, Ölsaaten und Kräutern eine Fehlmenge an Mengen- und Spurenelementen und an Vitaminen auszugleichen, muss man sich darüber im Klaren sein, dass man von jeder Charge und jedem Beutel eine Analyse aller Bestandteile benötigt. Ansonsten nimmt man Mangelernährungskrankheiten oder Vergiftungen in Kauf. Zudem muss man gerade für den Bereich der Vitamine den natürlichen Verlust immer mit einberechnen. Die meisten Vitamine sind lagersensibel auf UV-Licht, Wärme, Kälte und Feuchtigkeit. Je älter ein solches Naturerzeugnis also ist, desto geringer ist der Vitamingehalt. Daher muss man auch den Erntezeitpunkt mit in Erfahrung bringen.

Bei traditionellen Mineralfuttermitteln ist das weniger aufwendig, da all das vom Gesetzgeber geregelt ist. Trotzdem lohnt sich hier ein genauer Blick auf das Etikett. Es ist nämlich durchaus wichtig einzuschätzen, welcher Rohstoff verarbeitet ist. Das wirkt sich auf den Preis und zu gewissen Teilen auch auf die Menge und Verwertbarkeit aus.

Organisch oder anorganisch?

Die sozialen Netzwerke machen es möglich: Selbst wenn die Wissenschaft etwas widerlegt hat und nicht müde wird, es zu erklären, lässt sich relativ einfach ein Mythos erzeugen. Man muss etwas nur lange genug behaupten. Und manchmal findet man richtige Kampagnen für ein neues Superfood oder gegen ein althergebrachtes und bewährtes Futtermittel.

So glaubt eine recht hohe Anzahl an Pferdebesitzern heute, dass Pferde nur organisch gebundene Spurenelemente aufnehmen könnten und die anorganischen künstlich und damit giftig seien. Die Begrifflichkeiten von organischer und anorganischer Chemie werden meist gar nicht erst verstanden, und sobald das Wort „Chemie" im Spiel ist, denkt jeder an rauchende Schlote und Abwasserrohre.

Da ist von nicht existenten Dingen wie anorganischen Vitaminen die Rede und synthetischen Rohstoffen. Der Begriff „synthetisch" wird jedoch nicht definitionsgemäß als einfache Zusammenführung zweier Elemente gesehen (wie Erdbeer und Kuchen), sondern als Teufelswerk aus dem Reagenzglas.

Mit solchen Halbwahrheiten und fehlerhaften Denkansätzen macht man jedoch nicht nur sich und dem Pferd das Leben schwer – man vergisst zudem noch eines: Das Pferd nimmt in der Natur in der Regel beides auf, denn beides ist vorhanden, die organischen und auch die anorganischen Verbindungen. Und zwar ohne menschliches Zutun.

Gleichzeitig sind die organischen Spurenelementverbindungen, die in Pferdemineralfuttern verarbeitet sind, heutzutage synthetisch hergestellt. Sie werden also nicht aus einer blühenden Pflanze extrahiert, sondern in einem patentierten Verfahren chemisch erzeugt. Es ist also ein wenig verkehrte Welt, die anorganischen Spurenelementverbindungen als giftig oder negativ belegte „Chemie" zu titulieren, obwohl sie in anorganischer Form natürlicherweise im Boden vorhanden sind, während man die synthetisch im Labor erzeugten und patentierten organischen Spurenelementverbindungen als „Bio" bezeichnet.

Dabei ist es ganz einfach: Beides ist im Umfeld des Pferdes vorhanden und beides sollte dem Pferd in ausreichender Menge zur Verfügung stehen. Das, was fehlt, muss zugeführt werden. Und auch wenn die organischen Verbindungen zum Teil besser verwertbar scheinen, ist das nicht immer gut. Denn ein Pferd mit organischen Verbindungen zu fluten, hat die Natur nicht vorgesehen. Und während einige anorganische Verbindungen bei Überfütterung einfach ausgeschieden werden, scheinen die organischen Verbindungen zum Teil in körpereigenem Gewebe eingelagert zu werden. Dazu gehören Zahnfleisch, Leber, Plazenta und vor allem auch Hufe und Muskulatur. Was die langfristigen Folgen davon sind, bleibt abzuwarten.

Da ist ja Melasse drin!

Ein weiterer Diskussionspunkt ergibt sich häufig aus der Art des Trägerstoffs. Denn um die Mengen- und Spurenelemente schmackhaft zu machen, braucht es einen Trägerstoff. Die am häufigsten verwendeten Trägerstoffe sind Weizenprodukte, Grünmehle, Sonnenblumenschalen, Biertreberhefe, Mais- oder Gerstenprodukte und auch Leinsaat. Aber auch Obsttrester oder Zellstoffe aus Gemüse werden verarbeitet. Zusätzlich werden Öle eingesetzt oder auch Melasse, manchmal Kräuter oder andere Beistoffe. Oft ist die Liste der deklarierten Inhaltsstoffe lang. Je nach Rezeptur und Produktionsmaschine kommt man auch nicht umhin, Geschmacksträger wie Obst, Kräuter oder auch ätherische Öle einzusetzen. Denn was nützt das beste Mineralfutter, wenn die Akzeptanz nicht gegeben ist und das Pferd das wohlmeinende Produkt gänzlich verschmäht.

Jedoch ist die Akzeptanz bei den Besitzern häufig sehr speziell, um nicht

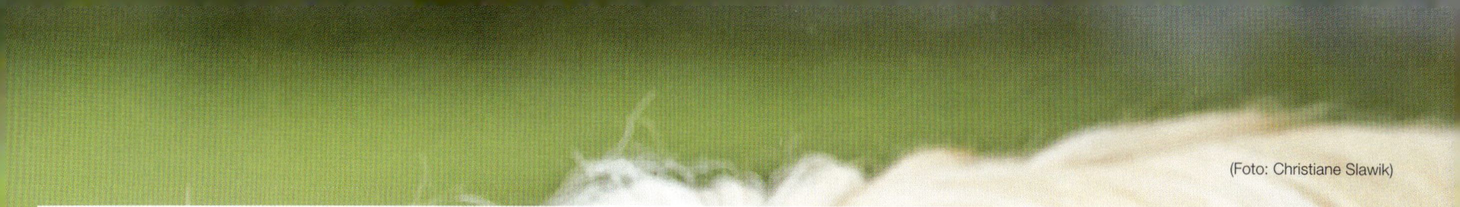

(Foto: Christiane Slawik)

zu sagen schon ein bisschen irrational. So berichten Futtermittelhersteller immer wieder von Korrespondenz mit Kundinnen, die ihr Produkt nicht verfüttern wollen, weil Palmöl, Melasse oder ein anderer Stoff verarbeitet wurde. Besonders an der Melasse reiben sich nach jahrelanger Negativkampagne die Pferdebesitzer auf. Dabei ist Melasse nicht nur ein teurer Zusatzstoff, sondern auch ein gehaltvoller. Und zwar nicht nur beim Zucker. Zudem wird häufig vergessen, dass ein Pferd auf natürliche Weise pro Tag rund 1500 g Zucker durch Gras oder Heu aufnimmt. Trotzdem wird ein Mineralfutter mit der Tagesgabe von vielleicht 100 g und einem Melassegehalt von 3 % abgelehnt. 3 g (!) Melasse sorgen also im Zweifelsfall dafür, dass ein Pferdebesitzer statt des passenden Mineralfutters eines auswählt, das weniger passend, dafür aber melassefrei ist. Man wähnt schon einen Schildbürgerstreich, jedoch nimmt da die Geschichte häufig erst ihren Anfang. Nach der Melasse nimmt mancher Kunde Anstoß an den Obsttrestern, den Getreidebeimischungen oder den Kräutern, oft befeuert von vermeintlichen Allergien oder Unverträglichkeiten. Selbst wenn diese bestehen, muss erst einmal geprüft werden, ob das Pferd in dieser geringen Menge wirklich darauf reagiert.

So oder so muss einem Kunden bewusst sein, dass die optimale Versorgung über der Trägerstoffdiskussion stehen muss. Und es muss auch realistisch betrachtet werden, dass zur Herstellung von Mineralfuttern auch technische Limitationen gibt und auch die Akzeptanz immer mit einberechnet werden muss.

Multivitamine – Sinn oder Unsinn?

Den meisten Mineralfuttermitteln sind Vitamine beigemischt. Dabei handelt es sich um die fettlöslichen Vitamine A, D, E und manchmal K sowie auch um die wasserlöslichen Vitamine der B-Gruppe (B1, 2, 3, 5, 6, 7, 9, 12) und Vitamin C. Während die Vitamine A, D und E lagersensibel sind und daher vor allem dann beigesetzt werden sollten, wenn Pferde auf reinen Heudiäten leben, sind sie in Weidehaltungen oft nicht notwendig, wenn die Weide gepflegt und ausreichend Aufwuchs vorhanden ist. Bei reinen Heufütterungen muss es jedoch vor allem am Ende des Winters sein. Eine Überdosierung sollte man allerdings vermeiden, denn fettlösliche Vitamine werden toxisch, das heißt, es kommt zu einer Hypervitaminose. Viel hilft also nicht viel. Die B-Gruppe ist ein wenig abhängig von der Pferde- und vor allem der Darmgesundheit. Sicherheitshalber wird daher heutzutage die B-Gruppe meist komplett in geringer Menge beigemischt. Gleiches gilt für das vom Pferd selbst synthetisierte Vitamin C, was nur dann beigesetzt werden sollte, wenn das Pferd leberkrank oder besonders stark belastet ist.

Einfach füttern

Aus dem Thema Mineralfutter sollte man keine Religion machen. Es ist eigentlich ganz einfach: Sobald man eine Idee hat, was in der Gesamtration enthalten ist, kann man ein Mineralfutter aussuchen und wird auch unter den zahllosen Produkten garantiert fündig. Und zwar für jeden Geldbeutel. Denn auch das spielt immer mit eine Rolle. Es ist in der Pferdeernährung generell nicht sinnvoll, sich selbst in eine Situation zu bringen – oder bringen zu lassen –, in der die Ernährung des Pferdes monatlich mehrere Hundert Euro verschlingt. Auch daran erkennt man die schwarzen Schafe. Es muss maßvoll bleiben.

Es kann sein, dass man im Sommer ein anderes Präparat braucht als im Winter. Manchmal reichen reine Mineralstoffpräparate und es müssen keine Vitamine beigesetzt werden. In anderen Fällen kommt man mit einem kleinen Komplettprodukt aus. Und in einigen wenigen Situationen muss man überhaupt nichts beisetzen. Aber um das sicherzustellen, benötigt man einen klaren Überblick – wie bei allen Themen rund um die Pferdefütterung. Wer viel weiß, hat wenig Sorgen.

CONSTANZE RÖHM

... führt die größte unabhängige wissenschaftliche Beratung für Pferdeernährungs- und Gesundheitsfragen in Deutschland. Als Referentin und Dozentin hält sie Vorträge, Seminare und Webinare für Pferdebesitzer, Stallbetreiber, Therapeuten und Tierärzte. Zur individuellen Beratung von Pferdehaltern und Tierärzten reist sie im Rahmen ihrer Fahrpraxis deutschland- und weltweit. Sie studierte und lebte einige Jahre in den Niederlanden und in England und graduierte zum MSc Equine Science an der renommierten University of Essex. Als Dozentin lehrte sie unter anderem an einem Institut der Universität Wageningen. Sie gilt als Spezialistin für Fressverhalten von Pferden, Gastrointestinalerkrankungen und widmet sich der Erforschung der Darmflora.

BUCHTIPP:

Constanze Röhm
Rashid und Purzel's 31 Goldene Regeln zum Glücklich Füttern
9,95 €

Erhältlich im Webshop:
www.futterberatung-roehm.de/shop

Jeannette Aretz wagt ein Experiment unter Anleitung von Kerstin Gerhardt: sitzen, bis sie sitzen kann. (Foto: Klara Freitag)

DIE ROSSKUR

Zugegeben – ich rechne mit allem: Schweiß, Tränen, Muskelkater. Denn meine Aufgabe soll sein: so viele Pferde reiten, bis die Muskeln, die das wirkliche Einsitzen verhindern, aufgeben. Ein Pferd nach dem anderen, ohne Pause. Nur diese Erfahrung, sagt Ausbilderin Kerstin Gerhardt, führe zum tiefen Einsitzen ins Pferd, zum idealen Aussitzen. So hätten das die Rekruten damals beim Militär gelernt. Und so machen wir das heute, an einem Sommertag. Sie wird mich unterrichten, ich werde sitzen, und viele gute Schulpferde werden das möglich machen.

VON JEANNETTE ARETZ

Kerstin Gerhardt ist eine klassische Ausbilderin und lehrt ganz im Sinne der H.D.v.12. Sie hat zehn Jahre bei Werner Schönwaldt gearbeitet, und der wiederum war ein Schüler Otto Lörkes. Deutscher im besten Sinn geht es nicht – von der Reitlehre her betrachtet.

Heute betreibt sie in Bedburg einen Ausbildungsstall. Sie setzt sich immer wieder für das Pferdewohl ein und ist in ihrer Art rheinisch-direkt. Durchaus auch schon mal herb, wenn auch immer herzlich. Mir ist also klar: Das wird nicht zimperlich ablaufen.

Der sanfte Einstieg

„Ich bin ein Büromensch ohne Kondition", warne ich vor.
Es fängt einfach an: Wir treffen uns in Meerbusch auf dem Hof von Annika Schon. Sie stellt die Schulpferde für unser Experiment. Als Erstes sollen wir ausreiten

gehen. *„Dann habe ich dich schön locker"*, sagt Kerstin Gerhardt. Vielleicht will sie erst mal sehen,
wie ich da überhaupt auf dem Pferd sitze, vermute ich. Oder meine Nervosität löschen. Von meinem ersten Schulpferd bin ich begeistert: Ein riesiger Schimmel namens Eisbär, der nur auf Fingerzeig am Putzplatz zur Seite geht und im Gelände brav auf meine Hilfen wartet, auch wenn das vordere Pferd schon galoppiert. Er ist fleißig, aber nicht eilig. Sehr schön.

Mit der Peitsche auf die Hände

Danach geht es mit Eisbär auf den Reitplatz. Er steht, und ich soll in Reithaltung 45 Minuten einfach wie eine Statue da draufsitzen. Kerstin Gerhardt gibt mir Anweisungen, und ich muss diese umsetzen und laut nachsprechen:
„Kopf hoch, Kinn nach vorn!"
„Schultern zurück und natürlich fallen lassen!"
„Ellbogen locker, tief, schwer!"
„Hände eine Handbreit über dem Widerrist, eine Handbreit auseinander, kleine Finger sind sich am nächsten, Daumen obenauf!"
Verwechsle ich etwas, oder sage ich es etwas anders, muss ich den Satz wiederholen. Er soll mir in Fleisch und Blut übergehen.
Den ganzen Körper gehen wir so durch:
„Oberschenkel lang!"
„Knie tief!"
„Unterschenkel lang!"
„Fußspitzen leicht anheben Richtung Pferdemaul."
Zwölf Minuten lang macht mir das gar nichts aus. Dann beginnen meine Hände schwerer zu werden, und die linke Hand rutscht mir zurück.
Das merke ich allerdings nicht selbst, sondern Kerstin Gerhardt. Zack, tippt sie mir mit der Peitsche auf meine Hände. Huch!, denke ich. Also wirklich wie Militär? Ich soll das korrigieren und den Satz zu den Händen laut wiederholen. Dabei darf ich aber nicht runter zu den Händen gucken. Kann ich ja nicht, wenn das Kinn oben bleiben soll.
Nach 20 Minuten wird es insgesamt anstrengender. Ich lehne meinen Ellbogen an den Oberkörper. Das darf ich nicht, also muss ich wieder den Satz zum Ellbogen wiederholen: *„Ellbogen tief, locker, schwer!"*
Außerdem sehe meine Oberschenkelmuskulatur nicht mehr locker aus, sagt Kerstin Gerhardt. Ich soll lachen, damit ich wieder tiefer atme und mich nicht verspanne. Kann ich noch.
Nach 40 Minuten hören wir auf. *„Du hast jetzt mehr in den Steigbügeln Platz genommen"*, sagt die Ausbilderin. Meine Halsmuskeln neben der Wirbelsäule tun weh vom Kinn-Hochhalten. Klar, als Büromensch, der vorgebeugt zum Rechner sitzt, arbeiten die sonst nicht.

Ich werde grantig

Das ist der Tiefpunkt des Tages. Jetzt soll ich eine ganze Einheit nur im Schritt an meinem Sitz feilen. Ich sitze auf einer Schimmelstute, und es fühlt sich von Anfang an ungut an. Die Stute ist ein Korrekturpferd, kein Schulpferd. Ich habe das Gefühl, in einem weggedrückten Rücken zu sitzen, von der Halsbasis aus hebt sie den Hals genau so an, wie man das nicht haben möchte. Annika, die Stallbesitzerin, geht neben mir her und erinnert mich stoisch an die korrekte Haltung. Linke Hand vor, meinen Satz zu den Händen sagen. Ich wechsle zwischen Phasen, in denen ich das annehmen und umsetzen kann, und zwischen der Betrachtung von außen: Ich weiß, dass wir hier Magazinfotos machen. Das wird nicht ordentlich aussehen, so. Herausgehobenes Pferd und ich obendrauf im Loch. Super.
„Jetzt wird sie langsam grantig", meine ich zu hören, als ich am Ausgang vorbeireite, wo Kerstin und die anderen Mitarbeiter der Schule sitzen. Ja, in mir ist Widerwillen. Ich höre das und versuche mich wieder einzulassen. Keine Form von Aufgeben zulassen. Die Stute ist irre sensibel; auch wenn mein Zügel durchhängt, gibt sie mir sofort ein Feedback. Wenn ich den Ellbogen mal richtig mitschiebe, sodass ich tatsächlich die Nickbewegung ideal begleite, lässt sie etwas los und sucht

Zuerst wird ausgeritten: Jeannette Aretz neben Annika Schon von der Kampagneschule Löwenzahn. (Foto: Klara Freitag)

ein wenig den Weg nach vorn und unten. *„Wenn sie dann mal innen die Hand vorschiebt, dann dehnt sich das Pferd auch"*, höre ich Kerstin sagen, „oder es fällt um." Rheinischer Humor, im Nachhinein kann ich auch darüber lachen.

Wir stellen fest: Mein rechter Schenkel fällt weniger locker herunter als der linke. Generell ist meine Achse vom rechten Schenkel zum linken Arm schwächer als die andere Diagonale. Als ich versuche, mit Annika Schon darüber zu sprechen, fallen mir die einfachsten Worte nicht mehr ein.

Wie heißt das Ding an meinem Arm? – Ach ja, Ellbogen!

Reiten ist ganz leicht!

Nach vierzig Minuten darf ich das Pferd wechseln. Zwischenzeitlich ist Rina, eine kleine Warmblutstute, ein bisschen locker abgeritten worden. *„Trab sofort an, und aussitzen!"*, sagt Kerstin Gerhardt. *„Und jetzt sprich mir nach: Sitzen! Schwingen! Atmen!"* Das wird mein Mantra für diese Einheit. Ich auf dem Zirkel, und ständig sage ich diese drei Worte. Ich soll nicht einwirken, sondern nur bei meinem Sitz bleiben. Der Zirkel wird ein Ei, aber einwirken darf ich ja nicht. Also checke ich meinen Körper durch und merke: Mein rechter Oberschenkel liegt deutlicher am Sattel an, schiebt gegen den Widerrist. Als ich das ändere, wird der Zirkel plötzlich rund. Toll! Fällt die Stute zwischendurch auseinander, soll ich nichts machen, außer meinen Sitz wieder zu korrigieren. Irgendwann ist der Rücken vom Pferd ständig da. Und ich sitze wirklich drin. Grinsend. Reiten ist doch einfach. *„Jetzt hast du aufgemacht!"*, sagt Kerstin Gerhardt. *„Wie", frage ich, „meine Hüftbeuger waren doch vorher schon recht offen, oder?" – „Innerlich, in deiner Hüfte"*, sagt sie. Das stimmt. Ich kann mich jetzt auf Kommando quasi einklinken. Das, was andere als *„einstöpseln"* bezeichnen, geht jetzt viel schneller. Ich bin auf Kommando im Pferd und nicht über dem Pferd. Das ist ein schönes Gefühl, und es macht Spaß und ist leicht.

Auch nach vier Stunden reiten. *„Das reicht"*, sagt Kerstin Gerhardt. Ich beteuere, auch noch vier weitere Pferde reiten zu können, denn schließlich soll das ja das Soldatenexperiment sein, und zwar nicht in einer abgeschwächten Form. Die Ausbilderin sagt aber, der Lerneffekt sei da gewesen, und um diesen gehe es. Idealerweise würde man das jetzt drei Monate lang wiederholen – vier Tage die Woche, jeweils vier Pferde im Unterricht. Danach könne man sitzen und sich dem Thema Einwirkung widmen. *„Das spart dem Reiter fünf Jahre Halbheiten im Unterricht."* In der Realität macht sie das aber auch nicht mit ihren Schülern. *„Das ist eine Frage von Willen und von Geld. Viele geben schon nach zehn Minuten auf dem stehenden Pferd auf. Außerdem ist das teuer – da ist man nach drei Monaten einige Tausend Euros los. Wer gibt das schon aus?"* Als ich absteige, will ich am liebsten genau das machen. Mich täglich Kerstin Gerhardts Sitzunterricht ausliefern. Weil sie mich in dieses Gefühl geführt hat, mit dem Pferd eins zu sein. Ein Rezept zum Verschmelzen, eben auf die harte Tour. Da ist mir der Weg egal. Ich will wieder hin in dieses Gefühl, denn deshalb reitet man doch, oder?

Form vor Funktion?

Schaut man sich die moderne Sportwissenschaft an, so liegt die Vermutung nahe, dass diese Rosskur da einigen Grundsätzen widerspricht. Zum Beispiel der Konzentration und der Muskelermüdung – effektives Lernen ist nur über

Tiefpunkt des Tages: Die Schimmelstute vermittelt Jeannette Aretz das Gefühl, in einem Loch zu sitzen. Durch Kerstin Gerhardts Sitzkorrekturen beginnt sie aber, sich an die Hand zu dehnen. (Foto: Klara Freitag)

Auf Rina erlebt Jeannette Aretz eine Sternstunde: Sie sitzt „im Pferd“. (Foto: Klara Freitag)

einen kurzen Zeitraum möglich, heißt es hier. Das haben wir ignoriert. Doch: Wer heilt, hat recht. Ich kann aus der Erfahrung heraus sagen, dass ich einen Lerneffekt bemerkt habe. Über Grenzen zu gehen pusht eben. Interessant in dem Zusammenhang ist auch das Credo von FN und modernen Bewegungslehren namens *„Funktion vor Form“*. Wir haben uns jedoch nur der Form gewidmet. Allerdings wurde es dennoch schließlich leicht, und das Pferd fühlte sich sichtlich wohl, kam zum Schwingen, und auch mir als Reiterin ermöglichte die strenge Form schließlich eine gute Hilfengebung.

Kritik und Resultat

Wovon ich mich natürlich nicht freimachen kann: von meinen Vorerfahrungen. Ich habe in den letzten zwei Jahren viele Sitzschulungsstunden genommen, und zwar vorwiegend bei Trainern nach dem System von Mary Wanless und bei Eckard Meyners Trainern. Einfach weil ich durch viele Jahre ohne regelmäßigen Unterricht merkte, dass ich mich stark verschlechtert hatte. Was ich da gelernt habe, kann ich natürlich auch in dieser Einheit nicht ausblenden. Beim Aussitzen hat es mir zum Beispiel geholfen, dass ich durch das Wanless-Training wusste, welche inneren Muskeln ich ansteuern muss und wie ich meinen Oberkörper stabilisiere. Es ist daher schwierig zu sagen, woher welcher Lerneffekt kommt. Wochen später ist bei mir von diesem Tag hängen geblieben: Meine Aufmerksamkeit für meine linke Hand ist gestiegen. Mir war vorher nicht klar, dass diese ungewollt zurückrutscht. Darauf achte ich nun weit mehr.

Was kann man dem Pferd zumuten?

Ganz wichtig war auch ein Gespräch mit den beiden Ausbildern nach dem Reiten. Oftmals sitzen Reiter nämlich gar nicht mehr aus, oder eben nur kurz, weil sie denken, dass sie das Pferd stören und ihm wehtun. Das konnte ich in vielen Reitkursen betrachten. Es ist ein Problem gerade von den Reiterinnen, die sehr bedacht und pro Pferd in der Freizeit reiten. Das führt dazu, dass sie nach Jahren so gut wie gar keine Praxis mehr im Aussitzen haben. Ich kenne Leute, deren Pferde alle möglichen Seitengänge hinlegen, aber die eben nicht mehr aussitzen können. Was soll man denen sagen? Kerstin Gerhardts Meinung ist da klar: *„Natürlich darf der Reiter das üben, das ist dem Pferd zumutbar, und auch nicht nur eine lange Seite lang.“* Wichtig sei die Vorbereitung, dass das Pferd gut gelöst sei. Sich im Zweifelsfall vom Reitlehrer oder einer Freundin longieren zu lassen, ausgebunden, um sich auf den Sitz konzentrieren zu können, sei eine gute Möglichkeit. Aber auch für sich allein daheim könne man etwas tun: *„Ich empfehle meinen Schülern immer, sich ein Mal pro Woche nur um den eigenen Sitz zu kümmern. Nur ganze Bahn reiten und im Schritt, Trab und Galopp den eigenen Sitz durchchecken, ohne irgendwie auf das Pferd einwirken zu wollen.“* Die meisten Pferde würden das sogar genießen und die Anlehnung würde besser. Diesem Thema also Raum zu geben und nicht in jeder Einheit auch an Gymnastizierung und Training zu denken, das war ein wichtiger Denkanstoß auch für mich.

Muskelkater hatte ich übrigens an seltsamen Stellen: im Nacken. Das Kinn sollte ich ja anheben, und genau das ist eine Haltung, die ich als Schreibtischarbeiter kaum einnehme im Alltag. Außerdem hatte ich Muskelkater im Bauch. Etwas weh tat mir die rechte Schulter, warum auch immer. Vielleicht war das eine Quittung für das Reiten ohne Erholungspause. Beine, Po, Rücken: Das war alles okay. Keine Spur von Rückenschmerzen. Das bedeutet wohl, dass wir da etwas richtig gemacht haben.

KERSTIN GERHARD

... ist Bereiterin FN und Berufsschullehrerin für Pferdewirte. Sie betreibt mit Sandra Adamczyk in Bedburg/NRW einen Ausbildungsbetrieb, die Kampagneschule. Ihre Schwerpunkte sind: Korrekturpferde, weiterführende Kampagneschule und Handarbeit. „Unsere Arbeit ist darauf ausgerichtet, zum Wohl der Pferde und mit Hinblick auf Erhaltung der Kunst, Pferde und Menschen korrekt und wohlwollend auszubilden“, schreibt sie auf ihrer Homepage **www.kampagneschule.info**.

KERSTIN GERHARD

... stellte die Schulpferde für dieses Experiment. Ihre Schulpferde Eisbär und Rina waren auffällig gut geritten, daher eine klare Empfehlung! Sie betreibt die Kampagneschule Löwenzahn in Meerbusch

www.kampagneschule-löwenzahn.de

Jungpferde brauchen Sozialkontakte – erwachsene aber auch! (Foto: Nicole Schnetzler)

EINE PFERDEGERECHTE HALTUNG IST KEINE ÜBERGANGSLÖSUNG

VON IRINA WENK UND PHILIPP GEBHARD

Dass Fohlen im Herdenverband aufwachsen sollten und viel Bewegung haben müssen, ist fast allen Züchtern und Reitern klar. Oft sieht die Haltung während des Reitpferdelebens aber ganz anders aus. Stellen wir Bequemlichkeit über artgerechte Haltung?

Die Pferdehaltung ist etablierten Konventionen unterworfen, denen sich viele Pferdebesitzer blindlings anschließen. Häufig hat man auch (fast) keine Wahl, will man sein Pferd in der Nähe des eigenen Wohnorts wissen. Das Bild des Reitbetriebs mit Halle, Außenplatz und weiß eingezäunten kleinen Grasflächen, auf denen man meist ein, seltener zwei Pferde gleichzeitig in der gleichen Umzäunung stehen sieht, ist tief in unseren Köpfen verankert. Wenn die Pferde nicht gerade auf der Koppel sind oder „gearbeitet" werden, stehen sie in ihren Boxen, häufig 23 Stunden am Tag. Eines neben dem anderen, hinter Gittern. Acht bis neun Quadratmeter klein ist der gesetzlich vorgeschriebene Raum, in dem sie eingesperrt die meiste Zeit ihres Lebens verbringen.
Die meisten von uns haben in einem solchen Betrieb reiten gelernt und sind mit der vermeintlichen Normalität dieser Pferdehaltung groß geworden. Ich erinnere mich an das eine Pferd, das immer mit den Zähnen am Gitter hochgeschliffen ist, wenn ich seine Boxentür zumachte. Andere haben an die Boxenwand geschlagen. Viele aber standen stundenlang stumpf in einer Ecke dessen, was man auch provokativ als ihr Wohnklo bezeichnen könnte.
Eine solche Pferdehaltung wird keinem Equiden gerecht, denn deren Ansprüche sind trotz tausendjähriger Domestikation im Wesentlichen gleich geblieben. Sie trägt weder dem ausgeprägten Bewegungsbedürfnis und Nahrungsaufnahmeverhalten von Pferden Rechnung (langsame Fortbewegung bei ständiger Futteraufnahme auf großen Flächen), noch ermöglicht sie Pferden, ihre komplexen sozialen Beziehungen zu pflegen. Die Boxenhaltung dient e allein den Menschen.
Die Folgen für Gesundheit und Psyche von in Boxen gehaltenen Pferden sollten bekannt sein, sie wurden in den vergangenen Jahren mehrfach in wissenschaftlichen Arbeiten untersucht und dokumentiert. Es reicht aber auch schon ein Aufenthalt in einem konventionellen Reitbetrieb und etwas Basiswissen über Pferdeverhalten, um zu erkennen, dass hier keine glücklichen oder ausgeglichenen Pferde stehen.

VARIANTEN: DER ALTERNATIVE OFFENSTALL

Die Alternative zu dieser konventionellen Pferdehaltung, die einen doch sehr stark an Gefängnisse erinnert – denn was sind sie anderes? –, wird pauschal als „Offenstall" bezeichnet. Pferde in einem Offenstall zu halten, hat sich in den letzten 15 Jahren vor allem unter den sogenannten „Freizeitreitern" etabliert. Die Ausgestaltung dieser Haltungsvariante variiert stark in Bezug auf die zur Verfügung gestellten Auslauf- und Weideflächen, der Art der Fütterung und der Gruppengröße. Allen gemein ist, dass Pferde hier nicht mehr in Einzelhaft, sondern in Gruppen gehalten werden, was dem stark sozial organisierten Wesen Pferd viel eher entspricht. Dabei ist es wichtig anzumerken, dass die willkürlich zusammengewürfelte Gruppe eines Offenstalls noch lange nicht der natürlich gewachsenen Familiengruppe von Wildpferden gleicht und somit für Pferde je nach Situation auch Stress bedeuten kann.
In Offenställen gibt es gemischtgeschlechtliche oder gleichgeschlechtliche Gruppen, die meist einen mehr oder weniger gut befestigten Auslauf rund um die Uhr zur Verfügung haben. Die Stallungen sind bei jedem Wetter offen, sodass die Pferde wählen können, ob sie sich drinnen oder draußen aufhalten möchten. Gefüttert wird in Heuraufen, langen Futterkrippen oder in Fressständen, wo man das einzelne Pferd in seinem Fressverhalten gut beobachten kann. In manchen Offenställen wird Heu 24 Stunden zur Verfügung gestellt, in anderen wird nach wie vor nur dreimal täglich Heu gefüttert.
In manchen Fällen haben die Pferde rund um die Uhr und jeden Tag des Jahres eine Koppel zur Verfügung, auf der sie sich ein wenig die Füße vertreten können. Diese ist zu bestimmten Zeiten des Jahres matschig und ohne Gummistiefel kaum begehbar. Die Pferde sehen entsprechend aus. Zu anderen Zeiten des Jahres ist die Koppel trocken und staubig. Das Gras darauf ist abgefressen. In weniger glücklichen Haltungssituationen ist eine solche Koppel nur zeitweise geöffnet, einige Stunden pro Tag zu bestimmten Jahreszeiten, und dies nur dann, wenn das Wetter nicht allzu schlecht ist. Monatelang bleibt sie geschlossen, wenn die Bedingungen von den Menschen als nicht ideal empfunden werden oder beispielsweise ein allzu rutschiger Abhang für die Pferde eine Gefahr darstellt. Im idealen Fall der Offenstallhaltung steht über die

Koppel hinaus noch eine weit größere Fläche zur Verfügung, wo sich die Pferde austoben können oder wo sie umherstreifen, um kontinuierlich ein wenig Gras zu zupfen. Je größer diese teilweise als Winterkoppel bezeichnete Fläche, desto eher gibt es darauf noch Gras, desto weniger kaputt und matschig ist die gesamte Auslauffläche und umso glücklicher sind die Pferde.
Über die Stallung, den Auslauf, die Koppel und die eventuell vorhandene Winterweide hinaus stehen im Idealfall Flächen zur Verfügung, auf denen die Pferde über das Sommerhalbjahr hinweg grasen dürfen. Auch hier variiert die Fläche sowie der Zugang dazu, den wir Menschen den Pferden gewähren, massiv.
Obwohl eine solche hier nur grob skizzierte Pferdehaltung in all ihren Aspekten Pferden viel eher entspricht und ihre Gesundheit und psychische Balance fördert, stellt die Offenstallhaltung noch immer die große Ausnahme dar: In der Schweiz sind es zwischen 70 und 80 Prozent aller Pferde, die den größten Teil ihres Lebens in Einzelhaft fristen. In Deutschland sind es gegen 90 Prozent, wovon sich ein Großteil der Pferde mit Innenboxen ohne Sicht oder Kontakt zur Außenwelt begnügen muss. Im Vergleich zu Datenerhebungen aus den 1990er-Jahren geht der Trend heute aber klar in Richtung vermehrter Gruppen-/Offenstallhaltung.

WAS BRAUCHT EIN PFERD?

Pferde benötigen in ihrem Leben ein paar Dinge, um zufrieden, ausgeglichen und gesund zu sein: Als genetisch programmierte Fluchttiere brauchen sie vor allem Sicherheit. Dies ist unter anderem nur dann möglich, wenn ihnen eine Übersicht über ihre Umgebung gewährt wird. Pferde sind zweitens ständig auf der Suche nach Komfort, einem Zustand, in dem sie stressfrei sind und sich ohne Druck entspannen können. Das ist entweder in einer eingespielten Pferdeherde möglich oder eventuell mit einem Menschen, der sich als verantwortungsvoll führendes Lebewesen dem Pferd gegenüber bewiesen hat.
Komfort, wie ihn das Pferd benötigt, hat nichts mit tief eingestreuter Einzelbox, einem Solarium oder einer Reithalle zu tun. Als Drittes spielen Pferde immer und immer wieder, um die Rangordnung in der Gruppe auszumachen. Zu wissen, wem man im Zweifelsfall zu folgen hat, ist grundlegende Überlebensstrategie eines Fluchttiers. Dann kommt das Fressen: Ein Pferd kann nicht fressen, bevor es sich nicht sicher fühlt, sich in einer komfortablen Situation befindet und die Rangordnung mit den Artgenossen für diesen Moment ausgehandelt hat. (Das kennt jeder: Das Pferd ist im Hänger und frisst nicht.) Bei der Boxenhaltung ist lediglich das letzte dieser vier Grundbedürfnisse eines jeden Equiden garantiert, das Fressen. Alle anderen Elemente, die ein Pferd braucht, um überhaupt Pferd sein zu können, werden ihm systematisch verwehrt.
Als Pferdebesitzer ist es erstens unsere Pflicht, uns dieser Grundbedürfnisse unserer Pferde bewusst zu sein, und zweitens, sie als absolute Priorität sowohl in der Haltung als auch in der Ausbildung zu berücksichtigen.

OFFENSTALLHALTUNG ALS VERBINDLICHEN ZUSTAND ETABLIEREN

Angesichts dessen, was wir über die physiologischen, biologischen und soziologischen Voraussetzungen und Grundbedürfnisse von Pferden wissen, ist es erstaunlich, dass eine möglichst pferdegerechte Offenstallhaltung mit viel Auslauf, Weidegang und 24 Stunden Heufütterung nach wie vor die Ausnahme und nicht die Regel ist. Es scheint, dass hier der Blick weg vom Pferd hin zu uns Menschen nötig ist, denn es drängt sich die unangenehme Frage auf, wessen Bedürfnisse durch die Wahl der Pferdehaltung primär abgedeckt werden (sollen).
Um dieser Frage nachzugehen, lohnt es sich, das Kommen und Gehen in einem Aufzucht- bzw. Pensionsstall mit Altersweide etwas näher zu betrachten.
Auf dem Fohlenhof Gebhard in Süddeutschland ist Platz für gut dreißig Pferde, die nach Geschlechtern getrennt in zwei Gruppen leben. Altersmäßig durchmischt vom Fohlen bis zum altehrwürdigen Pferd, stehen den Tieren ein trockener Stall, ein befestigter Auslauf, eine Koppel, eine Winterweide und sehr weitläufige Sommerweiden zur Verfügung, was alles rund um die Uhr offen steht. Das alles erstreckt sich auf rund zehn Hektar Land. Im Stall steht an offenen Heuraufen Heu ad libitum zur Verfügung. Mit einer einzigen Ausnahme ist keines der Pferde zu dick. Die Pferde bewegen sich viel, spielen intensiv, wandern umher, steigen auf einen großen Erdhügel, dösen, liegen und sind im Sommer und Winter extrem ausgeglichen, da ihre Grundbedürfnisse gedeckt sind. All denjenigen, die mit ihren Fohlen und ausgewachsenen Pferden etwas tun möchten, steht ein Reitplatz zur Verfügung, der auch im Winter benutzt werden kann. Das Gelände ist weitläufig und lädt zu längeren Steifzügen ein. Für die Pferde also ideale Haltungsbedingungen.
Beobachtet man das Kommen und

Gehen von Pferden auf diesem Hof über die Jahre, so fällt ein interessantes Phänomen auf: Pferden wird primär dann eine möglichst artgerechte Haltung zugestanden, wenn sie entweder jung sind (zur Aufzucht), wenn sie alt sind („pensioniert") oder wenn sie sich wegen Lahmheiten und chronischen Beschwerden „erholen" müssen bzw. nicht mehr „reitbar" sind. Im großflächigen Offenstall also darf ein Pferd aufwachsen, altern oder sich von den Strapazen seines Reit(sport) pferde-Daseins erholen. Viele Fohlen werden gebracht und dann während zwei Jahren kaum je besucht. Lahme Pferde oder solche mit Rückenproblemen werden abgestellt, vielleicht noch mit einer Winterdecke eingedeckt und dann sich selbst überlassen. Wenn Pferde noch nicht bzw. nicht mehr durch uns Menschen „genutzt" werden (können), gilt den Pferdebesitzern eine möglichst naturnahe Haltung als angemessen.

Dies ändert sich in den meisten Fällen schlagartig in dem Moment, in dem das Tier seine Wandlung zum Reitpferd antritt. Ab diesem Moment wird das Pferd vom sozialen Herdenwesen zum zweckgerichteten Objekt. Nun stehen plötzlich nicht mehr seine Bedürfnisse nach Sicherheit, Komfort, artgerechter Fütterung, Bewegung und Sozialkontakten im Zentrum, sondern diverse Annehmlichkeiten für den Menschen wie Reithalle, ein allzeit verfügbarer Reitlehrer, ein Solarium, beheizte Sattelkammer, Führanlage, Springplatz. Das junge Pferd kommt zum Beritt in einen Ausbildungsstall und bleibt häufig auch danach in einem konventionellen Reitstall, wo in erster Linie der Mensch sich wohlfühlt. Das Pferd steht nun in einer Box, allzeit bereit, wenn seine Besitzerin kommt. Es ist bewegungsfreudig, es ist sauber, und es ist im Idealfall auf den Menschen fixiert, das einzige Lebewesen, mit dem es während ca. einer Stunde täglich interagieren darf/muss.

Der Offenstall, die pferdegerechte Haltung, war bloß eine Übergangslösung im Leben des Pferdes, wenn es noch nicht bzw. nicht mehr das ist, was es dem Menschen nützlich macht – reitbar. Jetzt aber, als „Reit-" oder „Sportpferd", soll es nicht mehr mühselig von der Weide geholt werden müssen, es soll nicht mehr von oben bis unten mit Dreck überzogen sein, und drei Heurationen pro Tag reichen ihm, denn es erhält jetzt kiloweise Getreide. Und da nun „gearbeitet" wird, soll sich das Pferd auch anständig ausruhen können: in der Einzelbox, wo es seine Ruhe hat. Von einem Tag auf den anderen ist die „schöne" Pferdezeit vorbei. Dieser Wandel ist für ein Pferd unmöglich nachvollziehbar und hat teilweise massive Auswirkungen auf die psychische und körperliche Gesundheit. Auch aus unserer Sicht entbehrt er jeder Logik und ist einzig damit zu erklären, dass wir Pferde nicht als fühlende, denkende und selbstbestimmt handelnde Wesen erkennen, die ein Recht auf die Deckung ihrer Grundbedürfnisse haben, sondern als Objekte menschlicher Bedürfnisbefriedigung.

Dürfen wir menschliche Bedürfnisse nach Praktikabilität, Prestige, Freizeitgestaltung und Unterhaltung über die physiologischen und psychischen Bedürfnisse unserer Pferde stellen? Verliert das Pferd ab dem Moment, wo es als Reitpferd für unsere Zwecke benutzt wird, sein Recht auf ein ihm entsprechendes Leben? Diese Fragen sollten jeden Pferdebesitzer beschäftigen. Unserer Meinung nach gilt es, eine pferdegerechte Haltung nicht länger als Übergangsphase, sondern als permanent wünschenswerten und vor allem verbindlichen Zustand in der Pferdehaltung flächendeckend zu etablieren.

IRINA WENK

... ist promovierte Ethnologin und wissenschaftliche Mitarbeiterin am Institut für Sozialanthropologie und Empirische Kulturwissenschaft der Universität Zürich. Ihr Forschungsschwerpunkt liegt auf den kulturell geprägten Beziehungen zwischen Menschen und Tieren mit Fokus auf Pferden und Menschen. Forschungsschwerpunkte sind die Politik der Knabstrupperzucht in Deutschland und Dänemark, die Schlachtfohlenproblematik in Österreich, Pferdekämpfe auf den Philippinen und die Ethik des Reitens. In der Ausbildung ihrer eigenen Pferde verbindet sie Elemente der Reitkunst mit Prinzipien des Natural Horsemanship.

PHILIPP GEBHARD

... ist Hopfenbauer mit Leib und Seele in dem familieneigenen Betrieb. Seit zwölf Jahren befindet sich inmitten seiner Hopfengärten der Offenstall Gebhard, auf dem Fohlen, ältere Pferde und Pensionspferde im besten Alter ihr Leben mit Artgenossen genießen. Er ist ein kritischer Beobachter der Pferdeszene und wundert sich immer wieder aufs Neue, dass Pferdebesitzer die Boxenhaltung für ihre jungen Schützlinge als beste Option verstehen.

Die vordere Einbeinstütze im Galopp findet man kaum in Fotoarchiven – die meisten Fotografen löschen sie direkt nach dem Shooting. Dabei ist sie Teil jedes physiologischen Galopps. (Foto: Christiane Slawik)

DAS IST DIE *FALSCHE* PHASE!

VON BARBARA WELTER-BÖLLER

Ein befreundeter Sportfotograf, der damals nicht viel Ahnung vom Reitsport hatte, machte in Aachen bei der Kür von einer sehr bekannten Dressurreiterin Fotos. Er wählte 30 aus, die er für sehr gelungen hielt, und bot sie dieser Reiterin zum Verkauf an. Diese sah sich die Aufnahmen kopfschüttelnd an, eine nach der anderen, und zerriss sie vor den Augen des entsetzten Fotografen. Was war passiert? Er hatte die falsche Phase erwischt!

Jeder Reiter möchte auf dem Pferd gut aussehen, so wie in den Büchern und Zeitschriften. Wie aus den Richtlinien für Reiten und Fahren entnommen oder je nach Reitweise vor malerischen Kulissen und zum Teil auch in zauberhaften Kostümen präsentieren sich die Reiter in gekonnter Pose. Schaut man aber genau hin, so wird, besonders im Trab und im Galopp, das Paar immer in den gleichen Phasen der Gangarten gezeigt, nämlich in denjenigen, in denen das Pferd den Reiter vorteilhaft setzt.

SCHRITT UND TRAB

Welche Phasen sind es, die uns Betrachter neidisch werden lassen, und was passiert in den nicht oder nur äußerst selten abgebildeten Momenten?
Wenn das Pferd steht, ist es einfach, einen guten Sitz einzunehmen. Der Schritt stellt an den Reiter durch seine langsame Frequenz, seine geringe Propulsion (Vorwärtsimpuls) und seine stabile abwechselnde Zwei- und Dreibeinstütze ohne Schwebephase auch keine größere Herausforderung dar. Im Schritt entspricht die vom Pferd übertragene Bewegung auf die Sitzbeinhöcker des Reiters der Bewegung, die der Menschenrumpf beim Gehen von unseren Beinen übertragen bekommt. So funktioniert das therapeutische Reiten. Kinder, denen die Rumpfstabilität fehlt, den Impuls von den Beinen aufzufangen, trainieren auf dem Pferderücken im Schritt den Rumpf, sodass er für das Gehen stabiler wird. Ich habe selbst lange in der Hippotherapie gearbeitet und nie schönere Fortschritte und Erfolge erleben können. Auf einmal konnte ein behindertes Kind laufen! Was für ein Moment!
Zurück zum Reitsport: Jeder aufrecht laufende Mensch kann in allen Schrittphasen eine vernünftige Figur abgeben.
Das ändert sich im Trab. Jetzt kann der Reiter auf kein bekanntes Bewegungsrepertoire zurückgreifen. Das sieht man am deutlichsten bei den Aussitzversuchen des Reitanfängers. Leider lässt uns in diesem aufgerüttelten Moment die Reitlehre allein, in ihr werden nur fortgeschrittene Reiter mit einem unabhängigen Sitz beschrieben. Auch der Reitlehrer gibt nicht immer hilfreiche Tipps und wartet darauf, dass die Ergorezeptoren in den Faszien klug werden und der Reiter dieses Bewegungsprogramm irgendwie lernt. Der Tipp meines Reitlehrers lautete: Reiten lernt man durch Reiten. Aber was macht den Trab so schwierig und welche Phasen sind leicht und welche schwer zu sitzen? Zu der vermehrten Propulsion und der höheren Trittfrequenz, gesellt sich eine mehr oder weniger ausgeprägte vertikale Rückenbewegung des Pferdes, ein Bewegungsmoment, der in unserem natürlichen Bewegungsprogramm nicht vorgesehen ist und den wir jetzt in unserem Körper auffangen müssen. Die vertikale Bewegung entsteht durch die Schwebephase zwischen den diagonalen Stützbeinphasen des Pferdes. Das Pferd landet aus der Schwebe, was zu einem vermehrten Druck in den Fesselköpfen führt. Diese federn mehr nach unten-hinten durch. Dadurch entsteht eine Dehnung in den Beugesehnen, dem Fesselträger und dem

Der Katapulteffekt

So bezeichneten die Forscher Kram und Dawson 1998 den Sprungfedermechanismus, den sie bei Kängurus und Antilopen untersuchten. Sie stellten fest, dass diese Tiere höher springen können, als die Summe ihrer Muskelkraft es zulässt. Sie entdeckten eine hoch energieeffiziente Bewegungsspeicherung in den Sehnen. Während ihrer Dehnung beim Durchtritt der Fesselgelenke speichern sie Energie und federn elastisch ohne Energieverbrauch zurück. So können sich auch Pferde rhythmisch über lange Strecken ökonomisch bewegen. Die frühere Lehrmeinung, dass eine Bewegung nur durch eine Muskelkontraktion entsteht, ist mittlerweile revidiert.

Die Bergabbewegung im Galopp lässt Pferd und Reiter unfotogen aussehen (rot). Die meisten veröffentlichten Galoppbilder zeigen Pferde in der hinteren Einbeinstütze (grün) oder in der Dreibeinstütze. (Zeichnung: Nicola van Ravenstein)

elastischen Fesseltrageapparat. Sie speichern Bewegungsenergie und lassen den Fesselkopf wie eine gespannte Bogensehne nach oben in die Hangbeinphase federn.
Der Rücken des Pferdes schwingt also in der Schwebephase nach oben und in der Stützphase nach unten. Der Hub der Vertikalbewegung ist abhängig von der Länge der Röhren und der Länge der Fesselung. Man kann die Amplitude der Bewegung gut erkennen, wenn man ein gesatteltes Pferd traben lässt und die Auf- und Abwärtsbewegung des hinteren Teils des Sattels beobachtet. Alle Trabphasen, in denen der Rücken nach unten geht, sind gut zu sitzen, am einfachsten ist die mittlere Stützbeinphase. Hier gehen die Fesselköpfe am meisten nach unten und der Reiter wird „in den Sattel gezogen". In dieser Phase gibt es Unmengen von schönen Bildern des Reiters im Trab. Der Reiter sitzt tief im Sattel, das Körpergewicht ist gut platziert, die gesamte Wirbelsäule wird aufrecht auseinandergezogen, die Absätze federn nach unten, die Propulsion ist in diesem Moment aufgehoben. Eine wunderbare Phase, standbildfähig. Die Piaffe besteht eigentlich nur aus mittleren Hang- und Stützbeinphasen – hier sitzt fast jeder Reiter wie das Vorbild aus dem Lehrbuch. Die Pferde werden allerdings oft in der kaudalen Stützbeinphase auf Fotos präsentiert, in der die Standbeine kurz vorm Abfußen sind. Allerdings sieht man dann oft auch Reiter in Rücklage oder hochgezogene Absätze. Was passiert genau in den Trabphasen, in denen der Rücken dem Reiter entgegenschwingt? Der Reiter wird nach oben gestaut, die Absätze gehen nach oben, er muss seinen Rumpf gegen die Propulsion stabilisieren – kein schöner Moment. Die Bewegung nach oben muss der Reiter in seinem Rücken auffangen und verzehren, indem er mit seinem Rücken in der Lendenwirbelsäule nachgibt, um nicht aus dem Sattel geprellt zu werden. Er hat dazu zwei Möglichkeiten: Entweder gibt er den Schub nach vorn mit Anspannung seiner dorsalen Kette, den Rückenstreckern, mit einem Hohlkreuz nach oder mit seiner ventralen Kette, seinen Bauchmuskeln, mit einem runderen Rücken nach hinten nach. Für das Pferd macht es einen großen Unterschied, mit welcher Kette der Reiter agiert. Das Abfedern im Hohlkreuz gibt am Ende der Beweglichkeit der Wirbelgelenke einen harten Stopp, der sich über eine ruckartige Bewegung der Sitzbeinhöcker des Reiters nach hinten gegen die Bewegungsrichtung des Pferdes fortsetzt. Damit stoppt man die Rückenbewegung des Pferdes nach oben und vorn und provoziert so ein Wegdrücken des Pferderückens in die Überstreckung und ein vermindertes Untertreten der Hinterhand.
Anders ist es beim Abfangen der vertikalen Rückenbewegung des Pferdes mit der ventralen Kette des Reiters in eine nach hinten federnde Lendenwirbelsäule. Hierbei öffnen sich die Wirbelgelenke und es gibt einen weichen elastischen Stopp mit nach in die Bewegungsrichtung nach vorn gerichteten Sitzbeinhöcker. Diese Bewegung ist für das Pferd angenehm und es ermuntert es, selbst mit seinem Rücken nach oben zu schwingen und mit den Hinterbeinen weiter unterzutreten.
Auch bei großem reiterlichen Können und guter Rumpfstabilität bleiben die nach oben schwingenden Phasen des Pferderückens im Trab immer schwierig lehrbuchmäßig zu sitzen, und es entstehen keine guten Phasen für Fotos. Zudem läuft ein Pferd nie wie ein Uhrwerk: Es gibt viele Faktoren, die die Harmonie zwischen Reiter und Pferd immer wieder stören, seien es Unebenheiten im Boden, Umweltreize, Ausbildungsstand des Pferdes und seine etwaige Unausbalanciertheit usw. Wichtig ist aber, dass man auch „schlechte Fotos" als Realität akzeptiert, wohl wissend, dass auch der beste Profi diesen Gesetzen unterliegt. Man kann aus jedem Ritt wunderbare und für den Reiter, aber auch für sein Ego eher verstörende Momente

festhalten. Wir sind nur an die schönen Bilder gewöhnt, vielleicht ist es an der Zeit, sich auch mit den anderen Momenten auszusöhnen und sie zu akzeptieren.

DER GALOPP

Auch im Galopp gibt es fotogene und unfotogene Phasen. Die Galoppbewegung des Pferdes hat einen wiegenden Charakter und diese Bewegung ist unserem Körper nicht fremd. Er entspricht in seiner Bewegung hoch und runter, vor und zurück einer Schaukelbewegung, die wir, glaube ich, alle als Kinder liebten. So ist der Galopp vom Bewegungsgefühl einfacher zu erfahren als die uns völlig ungewohnte, „erdbebenmäßige" Trabbewegung. Beliebt und am häufigsten wird der Reiter in der hinteren Einbeinstütze abgebildet, ein für den Reiter komfortabler Moment. Das Pferd springt unter ihm bergauf, die Einbeinstütze schafft nicht den gleichen vertikalen Effekt wie die Zweibeinstütze im Trab. So wird der Reiter in seinem Sitz nicht nach oben geprellt, sondern sanft nach oben-vorn gehoben, ein erhabener Moment, der ihn gut aussehen lässt. Ab dann aber geht's bergab und der Reiter muss mit seiner dorsalen Kette dieser Bewegung entgegenhalten. Das macht er mit einer starken Anspannung seiner dorsalen Muskelkette und er muss sich als Ausgleich etwas nach hinten lehnen, fotografisch keine gute Phase, aber Realität. Dabei wird zur besseren Stabilität oft das Knie etwas mehr ans Pferd gebracht und die Absätze sind in diesem Moment hochgezogen, vielleicht hängt man zum besseren Gleichgewicht sogar noch etwas im Zügel. All das ist normal, wird sich mit wachsender Erfahrung immer besser

Die mittlere Stützbeinphase ist gut zu sitzen, in der caudalen Stützbeinphase und in der Schwebephase sieht das Pferd fotogener aus – meist findet man Fotos in diesen beiden Phasen. (Zeichnung: Nicola van Ravenstein)

ausgleichen, aber nicht verhindern lassen. Auch die alten Meister ritten die vordere Einbeinstütze, ließen sich aber nicht darin abbilden …

FAZIT

Reiter denken statisch. Ob es um Biegung, Seitengänge oder einfach nur um die Grundgangarten geht: Wir haben feststehende Bilder und Sitzanweisungen im Kopf. So sinkt zum Beispiel in der Biegung die innere Hüfte – aber nur in der Hangbeinphase. Sie geht in der Stützbeinphase auch wieder nach oben! Die Situation auf dem Pferderücken ändert sich in jeder Phase. Ein statischer Sitz kann also immer nur für eine bestimmte Phase gelten.

Was ist die Realität beim Reiten? Die guten dargestellten Phasen gaukeln uns eine Realität vor, die es nicht gibt. Auch die scheinbar ungünstigen Phasen sind im Gleichgewicht mit dem Pferd, für uns nur ungewohnt, weil sie uns nicht gezeigt werden. Aber nehmen wir sie an und unser Reiterleben macht uns in allen Phasen wieder Spaß!

Stellen Sie sich Heidi Klum ungeschminkt vor – auch ein Teil der Realität. Welche Leichtigkeit kann das Leben haben, wenn man die Realität anerkennt und akzeptiert. Es gibt keine schlechten Phasen, jeder Moment, in dem ich mit dem Pferd im Gleichgewicht bin und es nicht störe, ist richtig.

BARBARA WELTER-BÖLLER

… ist Reiterin, Trainerin, Humanphysiotherapeutin, Pferdeosteopathin und unterrichtet seit 1997 an ihrer Fachschule für osteopathische Pferdetherapie Anatomie, Biomechanik, Exterieuranalyse, Ganganalyse, Reitlehre, Sitzanalyse des Reiters. Sie hat für die Trainer und Ausbilder den Weiterbildungslehrgang zum OsteoConceptCoach entwickelt, um ihnen das Wissen über pferdegerechtes Training zu vermitteln.

BUCHTIPP:

Barbara Welter-Böller und Maximilian Welter
Gutes Training schützt das Pferd

Cadmos Verlag
ISBN 978-3-8404-1069-7, 29,95 €

Jetzt ABO bestellen oder verlängern und sofort Teil des FEINE HILFEN-Netzwerks werden!

„Die Theorie ist das Wissen, die Praxis das Können. Stets aber soll das Wissen dem Handeln vorausgehen.“

(Alois Podhajsky)

ABONNENTEN ERHALTEN AB SOFORT:

- **Rabatt für ausgewählte Veranstaltungen unserer FEINE HILFEN-Ausbilder:** Handverlesene Ausbilder, die garantiert im Sinne der Pferde reiten und lehren, gewähren Abonnenten Rabatt für ihre ausgewählten Veranstaltungen in ganz Deutschland. Die neuen Veranstaltungen 2017 finden Sie im Terminkalender auf der vorderen Klappe.
- **Ermäßigten Zugang zu unseren mindestens viermal jährlich stattfindenden FEINE HILFEN-Webinaren:** Sie können nicht immer zu Ihrem Wunschseminar fahren? Kein Problem: Unsere Dozenten können Sie sich direkt ins Wohnzimmer holen. Seien Sie gespannt auf Live-Webinare zu brisanten Themen rund um Training, Verhalten und Co.!
- **Eine Eintrittsermäßigung zum jährlichen FEINE HILFEN-Symposium:** Jedes Jahr treffen sich FEINE HILFEN-Autoren zum offenen Austausch über ein wichtiges Thema rund um pferdegerechtes Reiten: Ganz wie im Bookazin fördern wir Austausch und Diskussion zwischen verschiedenen Experten – aber live, von Angesicht zu Angesicht und vor Publikum.
- **Rabatt bei bestimmten Büchern aus dem Cadmos-Sortiment:** Unsere Cadmos-Autoren setzen sich für am Tier orientierten Umgang und eine schonende Ausbildung des Pferdes ein. Ausgewählte Bücher können Sie von nun an unter Angabe Ihrer Abonummer zum Vorzugspreis bestellen.

Feine HILFEN SPEZIAL

Vier schnelle Wege zu **FEINE HILFEN**:
InTime Media Services · Thomas Dötsch · Bajuwarenring 14 · 82041 Oberhaching
Tel. +49 (0)89/85 853 - 550 · Fax - 62554 · feinehilfen@intime-media-services.de

○ Ich möchte ein FEINE HILFEN-ABO für Euro 30,– (drei Ausgaben) bestellen

○ Ich möchte ein FEINE HILFEN-ABO für Euro 59,– (sechs Ausgaben) bestellen

Ab welcher Ausgabe möchten Sie Ihr Abo bestellen? ○ aktueller Ausgabe ○ nächster Ausgabe

○ Ich möchte den Newsletter erhalten.

Name/Vorname | Straße/Nummer

PLZ | Ort | Telefon und E-Mail-Adresse

IBAN | BIC

Widerrufsrecht: Die Bestellung kann innerhalb der folgenden zwei Wochen ohne Begründung bei InTime Media Services (Thomas Dötsch) oder durch Rücksendung der Zeitschrift widerrufen werden. Zur Fristwahrung genügt die rechtzeitige Absendung. Dieses Angebot ist gültig bis 31.12. 2017.

Datum | Unterschrift

IMPRESSUM

Cadmos Verlag GmbH
Englmannstraße 2
81673 München
Tel. +49 (0) 89/451 08 51-0
info@feinehilfen.com
info@cadmos.de
www.cadmos.de
Ausgabe 24: ISBN 978-3-8404-9624-0

Herausgeberin
Brigitte Millan-Ruiz

Chefredakteurin
Claudia Weingand
Mail: claudia.weingand@cadmos-verlag.de

Autoren und Interviewte dieser Ausgabe
Christoph Ackermann, Jeanette Aretz, Ulrike Bergmann, Bent Branderup, Kathrin Brunner-Schwer, Peer Claßen, Philipp Gebhard, Pascale Herzog-Berthier, Ingrid Klimke, Nicole Künzel, Wolfgang Marlie, Katharina Möller, Desmond O'Brien, Constanze Röhm, Ulrike Thiel, Agnes Trosse, Claudia Weingand, Barbara Welter-Böller, Irina Wenk, Marlitt Wendt, Jenny Wild

Layout und Grafik
Pinkhouse Design, Wien

Titelfoto
Christiane Slawik

Pressevertrieb
UMS, D-51545 Waldbröl

Abo
InTime Media Services
Thomas Dötsch
Bajuwarenring 14
82041 Oberhaching
Tel.: +49(0)89/85853-550
Fax: +49(0)89/85853-62554
feinehilfen@intime-media-services.de

Einzelhefte
Cadmos Verlag GmbH
Englmannstraße 2
81673 München
info@feinehilfen.com

Anzeigen
Anzeigenagentur und Mediaplanung
Kerstin Schröter
Im kleinen Bruche 43
30455 Hannover
Tel.: +49(0)511/2704702
Fax: +49(0)511/2704703
anzeigen@feinehilfen.com

Druck
Opolgraf S.A., Polen

Abdruck oder Speicherung in elektronischen Medien nur nach vorheriger Genehmigung durch den Verlag.

www.feinehilfen.com